Endlich genug Zeit!

Blanka Vötsch

Endlich genug Zeit!

Weniger Stress, mehr Fokus: Mit effektivem Zeitmanagement zu mehr Gelassenheit und Lebensqualität

Blanka Vötsch
Mooskirchen, Österreich

ISBN 978-3-658-49351-6   ISBN 978-3-658-49352-3 (eBook)
https://doi.org/10.1007/978-3-658-49352-3

Die Deutsche Nationalbibliothek verzeichnet diese Publikation in der Deutschen Nationalbibliografie; detaillierte bibliografische Daten sind im Internet über https://portal.dnb.de abrufbar.

© Der/die Herausgeber bzw. der/die Autor(en), exklusiv lizenziert an Springer Fachmedien Wiesbaden GmbH, ein Teil von Springer Nature 2025

Das Werk einschließlich aller seiner Teile ist urheberrechtlich geschützt. Jede Verwertung, die nicht ausdrücklich vom Urheberrechtsgesetz zugelassen ist, bedarf der vorherigen Zustimmung des Verlags. Das gilt insbesondere für Vervielfältigungen, Bearbeitungen, Übersetzungen, Mikroverfilmungen und die Einspeicherung und Verarbeitung in elektronischen Systemen.
Die Wiedergabe von allgemein beschreibenden Bezeichnungen, Marken, Unternehmensnamen etc. in diesem Werk bedeutet nicht, dass diese frei durch jede Person benutzt werden dürfen. Die Berechtigung zur Benutzung unterliegt, auch ohne gesonderten Hinweis hierzu, den Regeln des Markenrechts. Die Rechte des/der jeweiligen Zeicheninhaber*in sind zu beachten.
Der Verlag, die Autor*innen und die Herausgeber*innen gehen davon aus, dass die Angaben und Informationen in diesem Werk zum Zeitpunkt der Veröffentlichung vollständig und korrekt sind. Weder der Verlag noch die Autor*innen oder die Herausgeber*innen übernehmen, ausdrücklich oder implizit, Gewähr für den Inhalt des Werkes, etwaige Fehler oder Äußerungen. Der Verlag bleibt im Hinblick auf geografische Zuordnungen und Gebietsbezeichnungen in veröffentlichten Karten und Institutionsadressen neutral.

Illustrationen von Natalia Tutanova

Einbandabbildung: © [M] Diclonius | Sudarat/Adobe Stock, generiert mit KI

Springer ist ein Imprint der eingetragenen Gesellschaft Springer Fachmedien Wiesbaden GmbH und ist ein Teil von Springer Nature.
Die Anschrift der Gesellschaft ist: Abraham-Lincoln-Str. 46, 65189 Wiesbaden, Germany

Wenn Sie dieses Produkt entsorgen, geben Sie das Papier bitte zum Recycling.

„Es ist nicht wenig Zeit, die wir haben, sondern es ist viel Zeit, die wir nicht nutzen." Seneca

Du hältst gerade ein Buch über Zeitmanagement in deinen Händen. Warum solltest du gerade dieses Buch auch noch lesen? Weil es dort ansetzt, wo die üblichen Zeitmanagementmethoden an ihre Grenzen stoßen: Es geht auf den nächsten Seiten nicht einfach um eine brillante Methode, mit deren Hilfe du dir deine Zeit besser einzuteilen lernst – im Gegenteil: Auf keinen Fall sollten wir noch effizienter werden wollen, um noch mehr in unsere Tage stopfen zu können. Stattdessen geht es darum, wie wir lernen, das Wichtigste vorzuziehen, es effizient zu erledigen und dann unsere Freizeit zu genießen – und zwar ohne in Gedanken die To-do-Liste zu wälzen.

Danke

Als Erstes möchte ich Danke sagen. Danke an all die Menschen, die mich auf diesem Weg begleitet haben.

An meine Familie und meine Freunde, ihr habt an mich geglaubt, oft mehr als ich selbst.

Ein besonderer Dank gilt meinen Kundinnen und Kunden. Ihr seid der Grund, warum ich dieses Buch geschrieben habe. Eure Fragen, eure Herausforderungen und eure Fortschritte haben mich inspiriert, mein Wissen zu bündeln und weiterzugeben.

Danke an Pamela Obermaier, die durch ihr Feedback und Lektorat mein Buchprojekt vor dem Aus rettete. Danke an meine Lektorinnen und das gesamte Springer Gabler Team – für euer Vertrauen, eure Klarheit, eure Geduld und euren wertvollen Blick von außen.

Und ja, ich danke auch meiner Disziplin, meiner Zielstrebigkeit und dem Teil in mir, der immer dranbleibt.

Und nicht zuletzt: Danke an dich, liebe Leserin, lieber Leser. Du nimmst dir jetzt Zeit. Für dich und deine Lebenszeit. Ich wünsche dir von Herzen: **Endlich genug Zeit** – für das, was dir wirklich wichtig ist.

Über dieses Buch

„Was habe ich heute den ganzen Tag gemacht?" Fragst du dich das am Abend, obwohl du den ganzen Tag von einer To-do zur nächsten gehetzt bist? So geht es vielen Menschen, die zwar beschäftigt oder sogar gestresst sind, aber trotzdem das Gefühl haben, nichts wirklich Wichtiges erledigt zu haben. „Ich habe einfach zu wenig Zeit", denken dann viele. Doch was, wenn uns nicht die Zeit fehlt – sondern der Fokus?

„Endlich genug Zeit" ist kein klassisches Zeitmanagement-Buch, sondern ein alltagstauglicher Weg aus dem Beschäftigungswahn – erprobt im echten Leben. Von der Autorin, die selbst erlebt hat, wohin dauerhafte Überarbeitung führen kann und wie sich dies auf die eigene Gesundheit auswirkt.

Blanka Vötsch zeigt, wie man in kürzerer Zeit und mit weniger Anstrengung die Produktivität steigert und dabei gleichzeitig gelassener lebt. Mit ihrer 3P-Methode – Priorisieren, Planen, Pausen machen – unterstützt sie Menschen, die alles unter einen Hut bringen wollen: Beruf, Familie, ohne dabei selbst auf der Strecke zu bleiben.

Sie erklärt, wie man das Wesentliche erkennt und effektiv umsetzt und so immer genug Zeit für das wirklich Wichtige im Leben hat. Denn mit den richtigen Strategien lassen sich Prioritäten leichter erkennen, Zeit sinnvoll planen und Pausen genießen – ohne schlechtes Gewissen. Die Autorin liefert ein System, das sofort wirkt – im Job und im privaten Alltag. Einfach, nachvollziehbar, alltagstauglich.

Inhaltsverzeichnis

1	„Ausruhen kann ich mich, wenn ich tot bin"	1
2	Du lebst nicht ewig!	7
3	Das Produktivitätsparadoxon	13
4	„Ich habe keine Zeit!" – der größte Irrglaube unserer Tage?	17

Teil I   Priorisieren

5	**Priorisieren**	25
	5.1 Sleep faster!	25
	5.2 Die Illusion des Zeitmangels	27
	5.3 Was machst du eigentlich den ganzen Tag?	29
	5.4 Womit verschwendest du deine Zeit?	31
	5.5 Die größten Feinde deiner Produktivität	36
	5.6 Fokus	43
	5.7 Ent-scheidungen	47
	5.8 Uhr und Kompass	48
	Literatur	53

Teil II Planen

6 Planen — 57
- 6.1 Plane deine Zeit, sonst wird sie von anderen verplant! — 57
- 6.2 Was ist eigentlich Stress? — 60
- 6.3 Wie Zeit Stress erzeugt — 62
- 6.4 Lenke deinen Fokus mit guter Planung — 64
- 6.5 Fokuszeiten — 68
- 6.6 Gewohnheiten schenken dir Zeit — 73
- 6.7 Verplane deine Energie richtig! — 77
- Literatur — 82

Teil III Pausen

7 Pausen — 87
- 7.1 Das Geheimnis der Megaproduktivität — 87
- 7.2 Flow und Pausen — 93
- 7.3 Fünf Lebensbereiche – eine Lebensqualität — 95
- 7.4 Später ist es zu spät — 105
- 7.5 Es geht sich nicht alles aus! — 107
- 7.6 „Nein" sagen lernen — 108
- 7.7 Leben im Hier und Jetzt — 109
- 7.8 Wie ich meinen Flow wiederfand – und wie du dasselbe schaffst — 111
- Literatur — 116

Hat dir das Buch gefallen? — 119

Buch aus – Leben an! — 121

Über die Autorin

Blanka Vötsch ist Expertin für Zeitmanagement, Produktivität und Lebensqualität.

Sie zeigt Menschen, wie sie in weniger Zeit mehr schaffen – und dabei gelassener leben. Mit ihrer 3P-Methode (Priorisieren, Planen, Pausen machen) unterstützt sie Unternehmen, Führungskräfte und Selbstständige dabei, das Wesentliche zu erkennen und mit Leichtigkeit umzusetzen.

Blanka kennt beide Seiten der Medaille: Als Projektleiterin in der Automobil- und IT-Branche war sie selbst jahrelang im Dauerstress – bis ihr Körper die Reißleine zog, kurz vor dem Herzinfarkt, und damit ein klares Stoppzeichen setzte. Heute lebt sie, was sie lehrt: strukturierte Gelassenheit statt endloser To-do-Listen. Sie weiß aus eigener Erfahrung, dass echte Produktivität nichts mit Hetzen zu tun hat, sondern mit Fokus, guter Planung und viel Lebensqualität.

Blanka Vötsch ist Speakerin, Trainerin und Autorin.

Sie liebt Reisen, das Tanzen, gutes Essen und Bücher – sowohl sie zu lesen als auch sie zu schreiben – und natürlich ihre Familie. Blanka lebt mit ihrem Mann, den gemeinsamen Söhnen sowie Hund und Katzen und allem, was dazugehört, in Österreich.

Mehr unter: www.blankavoetsch.com

Abbildungsverzeichnis

Abb. 2.1	Ein Mensch lebt im Schnitt 4000 Wochen. (© Blanka Vötsch. All rights reserved)	9
Abb. 3.1	Die KI nimmt uns Arbeit ab, aber nicht alle Arbeiten. (© Blanka Vötsch. All rights reserved)	15
Abb. 4.1	Der Weg zu stressfreier Produktivität: Priorisieren, Planen, Pausen machen. (© Blanka Vötsch. All rights reserved)	21
Abb. 5.1	Was hast du heute wirklich getan? Willkommen in der Zeiterfassungsrealität. (© Blanka Vötsch. All rights reserved)	32
Abb. 5.2	Wie sieht dein Tag aus? Flickenteppich oder Fokusblöcke? (© Blanka Vötsch. All rights reserved)	35
Abb. 5.3	Multitasking endet meist im Chaos. (© Blanka Vötsch. All rights reserved)	40
Abb. 5.4	Die Uhr zeigt dir die Geschwindigkeit, der Kompass die Richtung. (© Blanka Vötsch. All rights reserved)	49
Abb. 6.1	Mit einer guten Wochenplanung bringst du deine Steine zuerst unter. (© Blanka Vötsch. All rights reserved)	58
Abb. 6.2	Gleicher Stress, anderes Kostüm. Was einst der Tiger war, ist heute die Deadline. (© Blanka Vötsch. All rights reserved)	62
Abb. 7.1	Pausen machen dich langfristig produktiv. (© Blanka Vötsch. All rights reserved)	90

Abbildungsverzeichnis

Abb. 7.2	Deine Lebensbereiche im Überblick. (© Blanka Vötsch. All rights reserved)	97
Abb. 7.3	Wie ausgewogen ist dein Leben? (© Blanka Vötsch. All rights reserved)	102
Abb. 7.4	Achte auf dein Gleichgewicht – nicht alles lässt sich einfach auffangen. (© Blanka Vötsch. All rights reserved)	103
Abb. 7.5	Wenn du wartest, bis alles passt, verpasst du vielleicht alles. (© Blanka Vötsch. All rights reserved)	106
Abb. 7.6	Aufwärts oder abwärts – du entscheidest die Richtung! (© Blanka Vötsch. All rights reserved)	114

1

„Ausruhen kann ich mich, wenn ich tot bin"

Zusammenfassung Überarbeitung und Dauerstress führen früher oder später zu körperlichen Beschwerden. Die Autorin beschreibt ehrlich und bewegend, wie sie die Warnsignale ihres Körpers ignorierte, weil sie alles gleichzeitig schaffen wollte: Beruf, Familie und Hobby. Der erlebte Zusammenbruch markiert den Wendepunkt, an dem sie erkennt, worum es beim guten Zeitmanagement wirklich geht: um mehr Lebensqualität.

> **Und plötzlich ging nichts mehr**
>
> Was passiert hier? Ich bekomme keine Luft! Okay, ganz ruhig jetzt … Tief atmen! Die nächste Abfahrt ist meine … dann bin ich von der Autobahn weg und kann eine kurze Pause machen. Komm schon! In fünf Minuten bin ich zu Hause! Das schaffe ich wohl auch, ohne zu atmen …
>
> Aua, das sticht! Das ist neu: Es sticht in der Brust. Was ist das? Das darf doch bitte nicht wahr sein!? Ich bin fast da … Dieses Kribbeln in den Fingern fängt jetzt auch wieder an. Ich kann das Lenkrad kaum noch spüren … Und jetzt auch in den Beinen. Nein, nein! So kann ich nicht weiterfahren. Ich muss rechts ranfahren. Ich schaffe es doch nicht mehr nach Hause. Okay, Warnblinker einschalten und Hilfe rufen … Ich kann das Display nicht mehr bedienen. Ich sehe alles verschwommen – und mein Gesicht: Ich spüre es nicht mehr! Ich kann meinen Körper nicht mehr spüren. Luft, Luft! Ruhig,

tief atmen! Kurz Pause machen, dann wird es schon gehen … Die Schmerzen in der Brust werden schlimmer, jetzt laufen mir auch noch Tränen übers Gesicht. Atmen, ganz ruhig! Es wird nicht besser … Ich brauche Hilfe! Verdammt, die Rettung kann ich nicht rufen, ich sehe fast nichts mehr, meine Hände sind wie Klumpen, ich kann kaum den Bildschirm entsperren. Zum Glück habe ich meinen Mann in den Favoriten gespeichert. Endlich: Es klingelt.

„Hey! Bist du schon am Weg?"
„Ich bin auf der Autobahn. Mir geht es nicht gut."
„Was? Ich versteh dich ganz schlecht."
„Ich brauche Hilfe! Ich bekomme keine Luft."
„Wo bist du?"
„Autobahn, kurz vor Steinberg."
„Warte dort. Ich schick gleich Hilfe!"
Ich schließe die Augen.

Diese paar kaum verständlichen Sätze haben mich unheimlich viel Energie und vor allem Atemluft gekostet …

Ich spüre, wie der Luftstoß der vorbeifahrenden Autos meinen Wagen leicht bewegt. Es ist beunruhigend, hier zu sitzen – halb gelähmt, nach Luft ringend. Dieser Schmerz in der Brust ist unerträglich. Die Zeit scheint stehen geblieben zu sein. Ich drehe mein Gesicht zur Sonne und spüre das warme Licht, während ich hier sitze und nichts tun kann, außer mit Müh und Not zu atmen.

Das Letzte, was ich mir denke: „Blanka, ich glaube, das war es jetzt für dich. Du hast es diesmal zu weit getrieben." Und dann ist alles schwarz.

Drei Stunden davor

Diese Besprechung zieht sich heute hin. Mir geht es nicht gut. Wieso bin ich überhaupt ins Büro gekommen heute? Andere melden sich auch mal krank … Ich brauche einen Kaffee.

Mein Körper fühlt sich schwer an und meine Gedanken sind wie Nebel in meinem Kopf. Die Diskussionen mit dem Kunden ziehen sich stundenlang in die Länge, die aufkommenden Probleme lasten schwer auf mir. Der Druck steigt und ich kann die Signale meines Körpers nicht länger ignorieren. Vielleicht hilft ja noch ein Kaffee.

Mein Blick schweift kurz durchs Zimmer und ich sehe aus dem Fenster. Doch es ist kein Moment der Ruhe für mich – im Gegenteil: Die Unruhe wächst in mir, während sich die Gedanken um meine Familie, meine Karriere und meine Gesundheit drehen. Schließlich kommen wir einer Lösung näher. Doch unser Chefprogrammierer streicht sich über die Glatze. Das ist kein gutes Zeichen! Das bedeutet mindestens zwei Wochen Verzug. Das darf nicht wahr sein! Ich will meinen Urlaub nicht schon wieder verschieben. Jetzt kommt es gleich …

„Blanka …"

Wusste ich es doch!

„… das schaffen wir in der Zeit nicht."

Ich spiele mit: „Wie lange werden wir brauchen?"

„Rechne mit ungefähr zwei Wochen Mehraufwand."

Ich nehme die Brille ab und streiche mir übers Gesicht. Ich glaube, ich habe Fieber – ich kann kaum noch denken. Von weit entfernt höre ich den Kunden sagen: „Ah neee, kann nicht sein."

„Aber das ist eine neue Anforderung!", hält der Programmierer dagegen.

„Ich kann doch nicht wissen, wie das funktioniert. Das müsst schon ihr mir sagen!", regt sich der Kunde weiter auf.

„Es war nie die Rede von dieser Funktionalität. Was hätte ich da sagen können? Blanka, oder?" Der Programmierer sieht mich an.

„Aber ganz sicher muss das klar gewesen sein. Blanka!" Der Kunde starrt mich jetzt auch an.

Ich gehe dazwischen: „Okay, jetzt mal ganz ruhig. Zeichnen wir erst einmal diesen neuen Prozess auf. Dann fällt uns vielleicht noch etwas dazu ein. Wir brauchen hier mehr Klarheit."

20 min später haben wir den Prozess geklärt. Geschätzter Mehraufwand: eine Woche. Damit können alle leben. Der Kunde fährt ab. Wir beenden den Tag mit dem Team: „Danke Leute, das war doch ein guter Termin. Den Zusatzaufwand muss ich im Projektplan berücksichtigen. Aber nicht heute. Ich bin erledigt. Ich muss nach Hause und mich mal ausruhen." – „Das hast du letzte Woche schon gesagt!" – „Genau! Werde mal gesund! So viel Zeit haben wir schon." Klar müssen die aus dem Team auch noch ihren Senf dazugeben …

Auf dem Weg zum Auto beschließe ich, heute nicht mehr einkaufen zu gehen – auch wenn ich deshalb die Erinnerung „Hausschuhe für den Kindergarten" schon den dritten Tag in Folge wegdrücke. Heute nicht. „Der arme Junge! Was bin ich für eine Mutter? Andere Mütter kümmern sich sicher besser um solche Dinge."

Kaum sitze ich im Auto, ruft schon jemand aus der Chefetage an und will wissen, was mit dem Projekt los ist. Der Kunde hat sich beschwert. Ich telefoniere die ganze Strecke aus der Stadt raus. Am Ende sind alle beruhigt. Jetzt ab nach Hause.

Mir ist heiß – das ist bestimmt Fieber. Das ist ungünstig. Jetzt habe ich überhaupt keine Zeit, um krank zu werden. Die Assistentin ruft noch an und will wissen, ab wann ich den Mietwagen für die nächste Dienstreise brauche. Stimmt, ich fahre ja am Sonntag in der Nacht schon weg. Dann muss ich die Kindergartenanmeldung für den Kleinen mal in einer Pause erledigen. Oder vielleicht übernimmt mein Mann das?

Auf der Autobahn schaue ich kurz zur Seite. Es ist ein herrlich sonniger Herbstnachmittag und die Natur spielt in allen Farben. Doch in meinem

> Kopf zieht gerade ein Sturm auf. All die unerledigten Aufgaben, die nächste Dienstreise ... Vernachlässige ich meine Familie? Der ganze Druck der jüngsten Zeit scheint auf meiner Brust zu lasten und raubt mir den Atem. Die ganzen Nächte, in denen ich statt zu schlafen gearbeitet habe, den Haushalt gemacht oder hunderte Kilometer von einem Termin zum nächsten gefahren bin – all das scheint mich jetzt einzuholen.

Den Rest der Geschichte kennst du bereits. Ich bin erst im Krankenhaus wieder aufgewacht. Eine nette Ärztin hat lange mit mir geredet. Sie hat mich dies und das gefragt und als ich von meinem Leben zu erzählen begann, raste mein Herz wieder und mir blieb die Luft weg. „Gut, kein Wort mehr. Schlafen Sie jetzt ein wenig! Noch einen Anschlag brauchen wir nicht." Als sie ging, drehte sie sich nochmal um und sagte: „Sie hatten großes Glück."

Bei meiner Entlassung schaute die Ärztin nochmal nach mir und mahnte mich erneut zur Ruhe: „Sie sehen ja schon etwas besser aus. Gehen Sie nach Hause und ruhen Sie sich aus!" Ohne zu überlegen, antwortete ich mit meinem Standardsatz: „Ausruhen kann ich mich, wenn ich tot bin." Sie sah mich ernst an: „Wenn Sie so weitermachen, sind Sie das nächste Mal auch tot. Was glauben Sie, wie lange Ihr Körper das noch mitmacht? Sie haben doch kleine Kinder. Wollen Sie sie nicht aufwachsen sehen?"

Das hat gesessen! Ich nickte nur, Tränen liefen mir über das Gesicht. Endlich verstand ich, dass es so nicht weitergehen konnte. Denn niemand würde etwas davon haben, wenn ich mich zu Tode arbeiten würde: Meine Familie hätte nichts davon. Ich hätte nichts davon. Und letztendlich hätte auch die Firma nichts davon.

Ich blieb dann tatsächlich zwei Wochen lang zu Hause und überlegte, wie es weitergehen sollte – ohne jemandem zu erzählen, was wirklich passiert war. Es ist mir irgendwie peinlich gewesen, nicht die Superwoman zu sein, für die mich manche hielten. Ich wollte es selbst so gerne glauben, dass ich unzerstörbar war, dass ich alles schaffen könnte, alles unter einem Hut bekäme: Familie, Karriere, Garten, Hobby, Sport. Ich wollte immer stark sein, rund um die Uhr arbeiten – und das alles mit Leichtigkeit und einem Lächeln auf den Lippen. Um ehrlich zu sein: Das Lächeln war schon lange von meinen Lippen verschwunden. Ich war nur zu beschäftigt gewesen, um es zu bemerken …

Heute kann ich nur den Kopf schütteln über diese blödsinnigen Vorstellungen, die ich damals darüber hatte, wie ich zu sein hätte. Damals grübelte ich: „Mein Zeitmanagement ist doch so gut! Ich bin strukturiert, ich bin organisiert, ich bin diszipliniert. Was läuft da schief?"

Ich kaufte mir ein Zeitmanagementbuch, in dem mir empfohlen wurde, all meine Aufgaben aufzulisten. Das tat ich. Es wurden 16 A4-Seiten: Private und berufliche Aufgaben, die laufend auf mich warteten, auch immer wiederkehrende Standardaufgaben. Die Tätigkeiten im Verein, auch die in meinem Hobby, das Tanzen. Ich schrieb auch auf, was ich für und mit meiner Familie tun sollte oder tun wollte. 16 Seiten. Und ich bin mir nicht sicher, ob ich überhaupt an alles gedacht habe.

Schön langsam dämmerte es mir: Ich war sehr effizient, ja! Aber war ich auch effektiv? Eigentlich hatte ich immer nur auf die Uhr geschaut: da noch was optimieren, hier noch was reinquetschen. Ich war so darauf fokussiert gewesen, ein paar Stunden zu sparen, dass ich ganze Jahre meines Lebens verschwendet hatte. Jahre! Weil ich zu beschäftigt gewesen war, um mich zu fragen: „Mensch Blanka, wo rennst du denn hin? Das ist die falsche Richtung! Da geht's lang!"

Heute bin ich sehr dankbar für diese Erfahrung. Denn heute weiß ich, dass die Zeit nicht alles ist. Wir dürfen nicht immer nur auf die Uhr schauen. Wir brauchen auch einen Kompass. Denn:

> **Die Richtung ist wichtiger als die Geschwindigkeit!**

Erst damals habe ich verstanden: „So kann es nicht weitergehen!" Diese Erfahrung hat mein Leben verändert. Vorher war ich eine Getriebene gewesen – getrieben vom Zeitdruck, von der Angst, etwas zu versäumen, nicht alles zu geben, der Gesellschaft und der Familie nicht zu entsprechen. Für mich selbst dachte ich keine Zeit zu haben.

- Später nehme ich mir Zeit für …
- Wenn ich das erreicht habe, dann …
- Jetzt habe ich dafür keine Zeit, aber nächstes Jahr werden wir …
- Zuerst muss ich noch schnell …

Diese Aussagen begleiteten mein Leben, vor allem seit wir Kinder hatten. Ich steckte in einem Hamsterrad, hing an einer nie enden wollenden Kette von „Ich muss …"

Keine Ruhe, keine Pausen, aber auch keine Einsicht. Von Zeit zu Zeit körperlich und zeitlich am Ende, für die Firma immer erreichbar, zu Hause Streit um den Haushalt … Kennen wir vielleicht alle. Dann habe ich mich wieder selbst ermahnt: „Ach komm, reiß dich zusammen, alle anderen schaffen es doch auch!" So vergingen die Jahre.

Natürlich gab es Zeichen dafür, dass es zu viel war: Zuckende Augenlider, kribbelnde Finger, Schwindelanfälle, immer wieder aufsteigende Wut, weil ich nie auch nur mal für fünf Minuten meine Ruhe haben konnte. Doch ich habe das getan, was wir Menschen überaus gut können: Ich habe alle Anzeichen ignoriert. Rigoros. Und wenn du dir denkst: Was? Das war mal die heutige Zeitmanagementpäpstin? Ist das dieselbe Blanka? Ja, so erging es mir noch vor wenigen Jahren. Heute schreibe ich diese Zeilen gerade deshalb: Seit Jahren predige ich nun, wie ein stressfreies Leben gelingt. Ich zeige Menschen, wie sie ihre Produktivität steigern und dabei ihre Arbeitsstunden reduzieren können. Warum? Weil ich es auf die harte Tour gelernt habe. Ich hätte beinahe alles verloren – meine Familie, meine Gesundheit, mein Leben –, bevor ich es verstand: Es geht auch anders. Es ist der falsche Weg, einfach immer mehr zu tun!

Dir möchte ich diese Erfahrung ersparen! Lerne aus meinen Fehlern! Es geht nämlich auch anders: Heute arbeite ich weniger und bin viel erfolgreicher. Ich genieße die Zeit mit meiner Familie, nehme mir Zeit für mich und kann auch damit umgehen, dass sich eben nicht alles ausgeht.

Erschaffe dir ein entspanntes, gesundes, glückliches und erfolgreiches Leben! Das wünsche ich dir von ganzem Herzen!

2

Du lebst nicht ewig!

Zusammenfassung Schon vor Tausenden von Jahren wollten Menschen mehr tun, als ihre Lebenszeit zuließ – das ist kein modernes Phänomen. Heute hetzen wir durchs Leben, erledigen Aufgaben am Fließband und hoffen, irgendwann das zu tun, was uns wirklich wichtig ist. Doch die To-do-Liste wird nie leer sein. Es ist nicht die Menge an Aufgaben, die stresst, sondern das Gefühl, nicht genug Zeit zu haben. Wir optimieren, beschleunigen, funktionieren – und verlieren dabei das Wesentliche aus den Augen. Es braucht nicht nur mehr Effizienz, sondern vor allem mehr Fokus. Zeit ist endlich. Und genau deshalb solltest du sie für das nutzen, was wirklich zählt.

> „Ihr lebt so, als lebtet ihr ewig,
> niemals kommt euch eure Hinfälligkeit in den Sinn, nie achtet ihr darauf,
> wie viel Zeit schon vergangen ist.
> Als ob ihr sie in Fülle und Übermaß hättet, verschwendet ihr sie."
> Seneca

Die Zeitspanne, die wir auf dieser Erde verbringen dürfen, ist endlich. Die Lebenserwartung für uns Menschen hat sich in den vergangenen

Jahrzehnten enorm verbessert. Im Moment werden wir im deutschsprachigen Raum im Durchschnitt 80 Jahre alt – Frauen ein paar Jahre älter als Männer. Zukunftsforscher gehen davon aus, dass die heute geborenen Kinder eine noch viel höhere Lebenserwartung haben. Doch selbst wenn wir mit der modernen Medizin noch einige Jahre mehr herausholen können, sterben wir irgendwann. Das klingt recht nüchtern und in gewisser Weise ist es das auch.

In meinem Büro hängt ein Plakat mit 4000 weißen Kreisen darauf – ein Kreis steht für eine Lebenswoche, siehe Abb. 2.1. Jeden Sonntag male ich einen Kreis schwarz aus. Das soll mich nicht depressiv stimmen, sondern daran erinnern, dass ich meine Lebenszeit – und damit meine Wochen – weise planen und nutzen will.

Unsere zeitlich begrenzte Existenz beschäftigt die Philosophen seit der Antike bis heute. Wie Seneca sagte, leben wir so, als würden wir ewig leben: Wir schmieden unendlich viele Pläne und versuchen, davon wenigstens einen Bruchteil umzusetzen. Dafür rennen wir mehr oder weniger gestresst durch unser Leben und stellen am Ende fest, dass wir nicht einmal annähernd alles umsetzen konnten. Die zu lange To-do-Liste ist also kein ausschließlich modernes Phänomen und auch keine direkte Auswirkung der Digitalisierung. Bereits vor Tausenden von Jahren wollten die Menschen mehr tun, als sie – begrenzt von der Zeit – tun konnten.

Heutzutage hat sich einfach nur alles beschleunigt. E-Mails statt Briefe, Online-Calls statt Vor-Ort-Meetings – als hätte das Fließband, auf dem unsere Aufgaben unaufhörlich an uns herangetragen werden, einen stärkeren Motor bekommen. Ganze Regale an Büchern wollen uns dabei helfen, produktiver zu werden, Stress zu reduzieren, resilienter zu werden oder eine lockere Haltung einzunehmen. „Getting things done", „Konzentriert arbeiten", „Die 4-Tage-Woche", „4000 Wochen", „The one Thing", „Stolen Focus" oder „The subtle Art of not giving a F*ck" sind nur einige wenige Bücher, die es zu diesem Thema auf dem Markt gibt. Ich habe etwa 200 rund um Zeitmanagement gelesen, über 20 Online- und Offline-Seminare besucht und so ziemlich alle Produktivitäts-Apps probiert. Meine Erkenntnis daraus: Die Methoden und Techniken funktionieren und wir gewinnen dadurch Zeit. Ja, wir können hier und da ein paar Minuten sparen – wenn wir alles richtig diszipliniert umsetzen, sogar eine Stunde am Tag. Doch das frustrierende Gefühl, immer zu

Abb. 2.1 Ein Mensch lebt im Schnitt 4000 Wochen. (© Blanka Vötsch. All rights reserved)

viel zu tun zu haben, konnte ich viele Jahre trotzdem nicht loswerden. Warum? Weil egal, wie viel effizienter wir werden, nur noch mehr Aufgaben auf uns warten. Es hört einfach nicht auf. Wir sind niemals fertig. Beantwortest du heute bis spät am Abend all deine E-Mails, wirst du morgen nur noch mehr Antworten haben, die wiederum bearbeitet werden wollen. Egal, ob angestellt oder selbstständig – wir könnten theoretisch alle rund um die Uhr etwas tun. Und das ist der Punkt: Wir können immer beschäftigt sein. Deshalb gehört zu einem gelungenen Zeitmanagement auch Selbstmanagement. Und das ist viel schwieriger, als es sich anhört. Wie effizient und produktiv wir auch arbeiten – irgendwann kommen wir an eine Grenze, an der nichts mehr optimiert werden kann. Und das ist nur ein Teil des Problems.

Wodurch sich unsere heutige Welt sehr wohl von der Welt Senecas unterscheidet, ist die schier unendliche Auswahl an Ablenkungen. Und es sind nicht nur die Ergebnisse von Untersuchungen zur Aufmerksamkeitsspanne beunruhigend. Auch meine eigene Erfahrung zeigt, dass ich mir beispielsweise kaum noch Zeit nehme, um einen Roman zu lesen. Wenn überhaupt, dann im Urlaub. Dabei habe ich früher pro Jahr mehr als 100 Bücher gelesen oder in Hörbuchform gehört. Wie passt das zusammen?

Nun, ich konsumiere fast ausschließlich Sach- und Fachbücher. Und die höre ich, sofern sie auf Englisch oder Deutsch als Hörbuch verfügbar sind – und zwar mit der doppelten Geschwindigkeit. Ich höre fast immer ein Buch: beim Reisen (und ich reise viel!), beim Einkaufen, beim Sport, bei der Gartenarbeit, beim Kochen. An für mich interessanten Stellen setze ich ein Lesezeichen und schreibe ein Stichwort dazu, worum es bei der Stelle geht. Ist das Buch richtig gut, kaufe ich es auch gedruckt und lese es nochmal. So geht das Lesen aber viel schneller, weil ich den Inhalt bereits kenne. Die wichtigsten Stellen markiere ich dann mit einem Textmarker.

Du denkst jetzt vielleicht: Das hört sich sehr vernünftig an! Ja, es ist effizient. Aber es fehlt etwas Entscheidendes: Früher las ich aus Freude am Lesen. Ich war ein richtiger Bücherwurm. Ganze Nächte lang konnte ich ein Buch einfach nicht weglegen. Heute lese ich, weil ich etwas wissen will, weil ich mich in allen Bereichen weiterentwickeln möchte. Da ist auch nichts verkehrt daran. Doch es stapeln sich etliche Romane bei mir, die ich immer wieder geschenkt bekomme oder mir selbst kaufe und irgendwann einmal lesen will. Bloß nehme ich mir die Zeit nicht dafür. Die lese ich dann später. (Aber dazu an anderer Stelle noch mehr).

Ich bin also in die Optimierungsfalle getreten und das beeinflusst (nicht nur) mein Leseverhalten massiv. Im Rahmen von Untersuchungen berichten Befragte, dass sie keine Geduld mehr hätten: Sie können sich einfach nicht auf das Gelesene konzentrieren, sondern müssen wie mechanisch gesteuert alle paar Minuten nach ihrem Handy greifen. Es ist also die begrenzte Zeit, die es uns schwer macht, mit unserem Fokus bei einer Sache zu bleiben. Hätten wir unendlich viel Lebenszeit, würde es uns mitunter nicht so schwer fallen, uns auf eine Sache zu konzentrieren. Denn was ich heute nicht gemacht habe, mache ich einfach morgen. Es ist die Verknappung der Zeit, die uns unter Druck setzt.

> **Wichtig!**
> Stress entsteht nicht dadurch, dass wir viel zu tun haben, sondern durch das Gefühl, für all das, was wir tun sollten, nicht genug Zeit zu haben.

Und dadurch landen viele von uns in der Beschäftigungsfalle: Je mehr ich erledige, desto besser. Doch das ist ein Trugschluss! Denn je mehr du erledigst, desto mehr kommt nach. Und dadurch werden die wirklich wichtigen Dinge in unserem Leben immer weiter in den Hintergrund gerückt. Wir verbringen unsere Tage damit, Aufgaben zu erledigen und abzuarbeiten. Wir merken gar nicht, dass wir an unserem Leben vorbeileben. Denn wir machen vieles, was wir machen sollten – um dann irgendwann das machen zu können, was wir eigentlich wollen. Und so leben wir gedanklich in der Zukunft und warten darauf, dass wir endlich genug Zeit für das haben, was für uns wirklich wichtig ist. Um schneller beim Wichtigen anzukommen, optimieren wir unser Zeitmanagement – um effizienter zu werden. Doch das Leben ist zu kurz für oberflächliches Zeitmanagement. Statt immer mehr in unsere Lebenszeit hineinzupressen, sollten wir lernen, den Moment zu genießen und die wirklich wichtigen Dinge in den Vordergrund zu stellen. Es sind diese kurzen glücklichen Momente, die ein erfülltes Leben ausmachen. Es geht nicht darum, jede Minute effizient zu nutzen, sondern darum, bewusst zu entscheiden, wofür du deine Zeit nutzen möchtest, um dein Leben in seiner ganzen Fülle zu erleben. Auch für die Zeit gilt: Weniger ist manchmal mehr! Zeit ist das Kostbarste, was du hast. Du solltest sie sinnvoll verwenden.

Lass uns jetzt in dieses Thema eintauchen, um die Zeit neu zu entdecken – als etwas, das sie tatsächlich ist: deine wertvollste Ressource in diesem Leben!

3

Das Produktivitätsparadoxon

Zusammenfassung Technologie sollte uns Arbeit abnehmen – doch oft erzeugt sie noch mehr Stress. Das Produktivitätsparadoxon beschreibt genau das: Trotz Automatisierung, digitaler Tools und künstlicher Intelligenz arbeiten viele Menschen nicht weniger, sondern mehr. Warum? Weil neue Technik nicht nur Prozesse beschleunigt, sondern auch neue Aufgaben schafft – und damit neue Anforderungen. Die ständige Erreichbarkeit, komplexere Arbeitsfelder und der wachsende Druck, jederzeit produktiv zu sein, sorgen dafür, dass Freizeit nicht automatisch mehr wird. Effizienz allein macht nicht frei – wir müssen lernen, bewusst Grenzen zu setzen und unsere Zeit aktiv zu gestalten.

„In den nächsten Jahren übernimmt die KI ohnehin die ganze Arbeit und dann haben wir unendlich viel Zeit." Dieses Argument habe ich vor allem seit der vermehrten Nutzung von ChatGPT und anderen KI-Tools häufig gehört. Es ist richtig, dass wir heute Zugang zu einer Vielzahl von herausragenden Tools und Apps haben, die beeindruckende Leistungen ermöglichen. Doch die Menge an verfügbaren Optionen kann leicht dazu führen, dass unsere Produktivität ins Stocken gerät. Denn das Recherchieren, Vergleichen und Sicheinarbeiten kostet auch viel Zeit und Energie. Mit den sich ständig weiterentwickelnden Technologien Schritt zu halten und sie sinnvoll einzusetzen, kann zusätzlichen Druck erzeugen. Die Vorstellung, dass technologische Fortschritte uns viel mehr Freizeit verschaffen würden, hat eine lange Geschichte. Bereits in den 1930er-Jahren prognostizierte der berühmte Ökonom John Maynard Keynes, dass seine Enkelkinder nur noch 15 h pro Woche arbeiten würden müssen, weil Maschinen bald die meisten Aufgaben übernehmen könnten. Diese optimistische Sichtweise wurde auch in den 1980er-Jahren während der digitalen Revolution aufgegriffen, als viele glaubten, dass Computer die Arbeitsbelastung drastisch reduzieren und uns mehr Freizeit ermöglichen würden. In der Realität hat sich jedoch gezeigt, dass diese technologischen Fortschritte nicht unbedingt zu mehr Freizeit geführt haben. Stattdessen haben sie die Erwartungen an die Produktivität erhöht und neue Anforderungen geschaffen. Denk nur mal an die E-Mails: Früher dauerte es einfach, bis Unterlagen ankamen. Zuerst mit der Post, dann per Fax. Heute dauert das Teilen von Unterlagen nur ein paar Sekunden: Es passiert, während wir miteinander in einem Online-Call sind. Das führt aber auch dazu, dass eine Antwort am besten sofort erfolgen sollte.

Der Effekt, dass mehr Technologie nicht zwangsläufig zu mehr Freizeit führt, sondern manchmal sogar zu mehr Arbeit und Stress, wird als Produktivitätsparadoxon bezeichnet, siehe. Abb. 3.1. Es zeigt, dass die Arbeitszeiten vieler Menschen trotz technologischer Fortschritte konstant geblieben oder sogar gestiegen sind. Das liegt neben der Beschleunigung der Arbeitsabläufe (wie wir es gerade in Bezug auf die E-Mails durchgedacht haben) auch an der ständigen Erreichbarkeit und den häufig immer komplexer werdenden Arbeitsaufgaben. Egal, wie viel automatisiert wird und egal, wie viel Arbeit uns abgenommen wird – wir Menschen scheinen immer dafür zu sorgen, dass wir noch mehr zu tun haben. Neue Technologien schaffen neue Aufgaben und Anforderungen, die unsere Zeit und Aufmerksamkeit beanspruchen. Die Einführung von Maschinen und Computern hat die Art und Weise, wie wir arbeiten, revolutioniert, aber sie hat nicht die versprochene Freizeit gebracht. Stattdessen hat sie die Erwartungen und den Druck erhöht, ständig produktiv sein zu müssen. Ich erwarte dasselbe in Bezug auf die Nutzung von KI.

Abb. 3.1 Die KI nimmt uns Arbeit ab, aber nicht alle Arbeiten. (© Blanka Vötsch. All rights reserved)

„Ja, mag sein. Ich will aber trotzdem die besten Tools verwenden. Welche sind das denn?", fragst du dich jetzt vielleicht. Die Innovationsrate in diesem Bereich ist so hoch, dass jede spezielle Software schon in dem Moment, in dem man etwas darüber liest, wieder veraltet sein kann. Aus diesem Grund findest du in diesem Buch keine Empfehlungen für Apps und Tools. Du findest aktuelle Tipps und Tricks für die digitale Umsetzung allerdings auf meiner Webseite: https://www.blankavoetsch.com/endlich-genug-zeit/

Das System, das du in diesem Buch kennenlernst, basiert auf der von mir entwickelten 3P-Methode und ist mit jedem beliebigen Tool umsetzbar – selbst mit Stift und Papier.

Die besten Tools nützen dir nichts, wenn dein System nicht passt. Denn gutes Zeitmanagement bedeutet auch immer Selbstmanagement, und das fängt – wie es das Wort schon verrät – bei uns selbst an.

Zeit und Struktur sind ein Thema im privaten Bereich, in den Schulen genauso wie in Unternehmen und in jeglicher Organisation. Entspannte Produktivität macht nicht nur unser Leben, sondern auch unser Umfeld besser. Die sinnvollsten Methoden sind die, die du wirklich umsetzt. Am besten machst du dich gleich beim Lesen auf den Weg, um Schritt für Schritt in eine neue Arbeits- und Lebensweise einzutauchen. Die Einfachheit des Systems wirst du erkennen, sobald du es ausprobierst. Du wirst dann auch bald eine Veränderung in deinen Tagesabläufen bemerken, denn die 3P-Methode ist einfach, sehr effektiv und vor allem leicht anwendbar!

4

„Ich habe keine Zeit!" – der größte Irrglaube unserer Tage?

Zusammenfassung „Ich habe keine Zeit!" ist längst zur Standardantwort geworden. Getrieben vom Gefühl, ständig leisten zu müssen, verlieren wir das Wesentliche aus dem Blick. Statt nur Aufgaben abzuarbeiten, braucht es Strategien, die uns helfen, Prioritäten zu setzen und präsent zu sein. Denn Zeit kann man nicht haben – man muss sie sich nehmen. Für das, was im Leben wirklich zählt – beruflich wie privat.

Unsere Tage werden von der knappen Zeit beherrscht. Wem ich auch die Frage „Wie geht es dir?" stelle – die meisten antworten mit:
Gut, aber …

- ich habe sooo viel zu tun!
- ich habe Stress.
- bei uns herrscht Chaos. Die Zeit fehlt einfach für alles.
- ich habe so viel um die Ohren. Ich weiß gar nicht mehr, wo ich anfangen soll.

Ob beruflich oder privat – wir werden immer mehr zu Getriebenen. Wir sind getrieben von der Zeit. Sogar Kinder und Jugendliche leiden bereits unter Stress. Immer mehr soll in einen Tag hineinpassen: immer mehr Aufgaben, immer mehr Aktivitäten. Doch egal, wie sehr wir uns bemühen – es geht sich einfach nicht alles aus. Und so haben wir ständig das Gefühl, nicht genug zu leisten, nicht diszipliniert genug zu sein.

Du möchtest alle deine Aufgaben erledigen und das auch gut machen? Gleichzeitig möchtest du das Leben genießen, genug Zeit für dich und deine Liebsten haben, deinem Hobby nachgehen, gesund essen, viel Sport treiben, doch es scheint unmöglich, all das zu vereinbaren? Ich bin ehrlich zu dir: Du wirst niemals so viel Zeit haben, um alles, was du machen möchtest, unterzubringen. Mit einem guten System wirst du aber für das Wichtigste Zeit finden. Und noch mehr als das: Du wirst mehr Energie haben, entspannter sein und in weniger Zeit mehr schaffen.

Mit diesem Buch verfolge ich vor allem ein Ziel: Ich will dir zeigen, wie du immer genug Zeit für das wirklich Wichtige im Leben hast. Weg vom Beschäftigtsein und hin zur Produktivität ist das Ziel. Das hilft dir nicht nur dabei, mit weniger Anstrengung mehr zu erreichen, sondern befreit dich auch aus dem ständigen „Das sollte ich noch schnell tun!"-Modus. Mit den richtigen Strategien kannst du deine Prioritäten leichter erkennen, deine Zeit planen und auch deine Pausen genießen, ohne ein schlechtes Gewissen zu haben. Das gilt für den beruflichen und genauso für den privaten Bereich.

Es sind gerade die kleinen, aber wichtigen Augenblicke, die wir mit voller Aufmerksamkeit erleben wollen: die Zeit mit unseren Liebsten. Hier wollen wir wirklich präsent sein und nicht an die immer länger werdende To-do-Liste denken. Gelingt dir das gut? Bist du wirklich völlig präsent, wenn du Zeit mit deiner Familie oder deinen Freunden verbringst? Oder hast du ständig das Handy in der Hand oder hängst gedanklich den nächsten Aufgaben nach? Unsere Gesellschaft ist von einer allgegenwärtigen Unruhe durchdrungen. Man hat das Gefühl, dass es immer etwas zu tun gibt. Diese Anspannung führt dazu, dass wir Tag und Nacht darüber nachdenken, was wir alles tun sollten. Und wenn wir gerade nicht am Tun sind, haben wir ein schlechtes Gewissen und bekommen es beinahe mit der Angst zu tun, ob sich wohl alles rechtzeitig ausgehen wird. Wir brauchen deshalb gute Strategien, um unsere Energien klug einzuteilen – damit wir produktiv arbeiten und danach unsere Freizeit genießen können. Die täglichen Entscheidungen scheinen uns immer wieder vor das gleiche Dilemma zu stellen: Wofür verwende ich meine kostbare Zeit? Wir haben heute so viele Möglichkeiten, wie sie die Menschheit in den vergangenen Jahrtausenden nicht hatten. Zumindest gilt das für jene Teile der Welt, in denen die Menschen in Wohlstand leben.

Soll ich nach der Arbeit Zeit mit meiner Familie verbringen, die Präsentation für die Arbeit fertigstellen, mit Freunden ins Kino gehen oder doch lieber für mein Fernstudium lernen? Und oft endet dieses Entscheidungsdilemma ohne klare Lösung. Wir fahren zwar nach Hause zur Familie, sind aber nur körperlich anwesend. Denn erstens sind wir ständig abgelenkt vom Handy oder vom Fernseher. Und zweitens kreisen unsere Gedanken um die immer länger werdende To-do-Liste.

Leben wir in einer Art Beschäftigungswahn? Warum haben wir das Gefühl, Zeit zu verschwenden, wenn wir mal nichts tun? Die einzige Ausnahme ist der Urlaub: Viele gönnen sich dann ein bis zwei Wochen lang eine Art Dauerkoma zwischen Liegestuhl am Strand und Essen am Buffet. Es sei denn, sie machen Aktivurlaub und hetzen von einem Sporttermin zum nächsten oder machen Hardcore-Sightseeing. Nach dem Urlaub lautet das Fazit meist: War gut, aber zu kurz. Jetzt müsste ich mich erst mal davon erholen.

Du kannst mit deiner Zeit tun, was du willst – solange du damit glücklich bist. Doch viele Menschen sind das nicht. Nach meinen Auftritten als Keynote-Speakerin umringen mich Menschen und gestehen mir, manchmal mit Tränen in den Augen, dass sie sich genau so fühlen, wie ich es beschrieben habe, dass sie es bereuen, die ganze Kindheit ihrer Kinder versäumt zu haben, weil sie nie zu Hause waren, oder dass sie ihre Gesundheit oder ihre Beziehung ruiniert haben, weil der Job wichtiger war. Natürlich ist unser Beruf wichtig: Wir verbringen einen Großteil unseres Erwachsenenlebens damit, zu arbeiten. Doch der Job ist eben nur ein Bereich, der Zeit und Energie braucht. Auch die anderen Lebensbereiche dürfen langfristig nicht vernachlässigt werden. Ansonsten endet das immer in Unglück. Denn viele von uns arbeiten sogar in ihrer Freizeit – ohne es zu merken: Nach der bezahlten Arbeit sind wir beschäftigt mit

Einkaufen, Kochen, Putzen, Wäschewaschen. Was früher mühsam mit der Hand gemacht werden musste, wird jetzt von Maschinen unterstützt und damit sollten wir doch Zeit sparen. Doch ist das wirklich so? Denk an das Produktivitätsparadoxon: Die Ansprüche und Standards stiegen mit den Entwicklungen mit an – was ja auch okay ist, denn ich lebe auch gerne in einem sauberen Zuhause. Jedoch wird das, was früher ein Teil der tagesfüllenden Beschäftigung war, in unserem modernen Leben auf die Abende und Wochenenden verlagert und wie nebenbei erledigt. Sogar unsere Möbel holen wir uns selbst ab und schrauben sie zusammen, um Geld zu sparen. Und wir sitzen stundenlang am Computer, um den billigsten Flug und das günstigste Hotel zu buchen und somit für den Urlaub weniger zu bezahlen, als wenn das ein Reisebüro für uns erledigen würde. Diese Zeit ist aber auch Geld. Das wird allerdings oft übersehen.

Was mit zunehmendem Alter noch dazu kommt: Die Zeit scheint immer schneller zu vergehen. Dauerte eine Woche in der Kindheit noch eine Ewigkeit, fühlt sie sich jetzt wie ein Augenblick an. Ab einem gewissen Alter könnten wir diesen Umstand damit erklären, dass wir langsamer werden. Doch dieses Phänomen lässt sich bereits bei 30-Jährigen beobachten. Sind wir mit 30 schon langsamer? Nein! Es liegt daran, dass wir nicht mehr in den Tag hineinleben. Als Kind hatten wir zwar mit der Schule einen festen Zeitrahmen, doch es gab auch viel Zeit zum Spielen, Lesen oder Nichtstun. Als Vorschulkind konnte ich stundenlang auf dem Spielplatz schaukeln und in Tagträumen versinken. Wenn sich der Hunger meldete, war es Zeit, nach Hause zu gehen. Je älter wir aber werden, desto mehr richten sich unsere Tage nach Terminen und Aufgaben: Studium, Arbeit, Familie, Hausbau, Haushalt, Tierarzt, Kindergarten, Schule der eigenen Kinder und noch vieles mehr. Ist endlich das ersehnte Wochenende da, werden der Rasen gemäht und die Spülmaschine repariert. Der Sohn braucht Nachhilfe in Mathe, der Hund sollte auch mal wieder gewaschen werden und … ist der Nebel draußen so dicht oder sind die Fenster schon wieder so vollgeschmiert?

Das scheint kein Ende zu nehmen und irgendwann erfassen uns Müdigkeit und Frust. Streitereien darüber, wer wie oft den Geschirrspüler ausgeräumt und das Wohnzimmer gesaugt hat, beherrschen die verbleibende Freizeit.

4 „Ich habe keine Zeit!" – der größte Irrglaube unserer Tage?

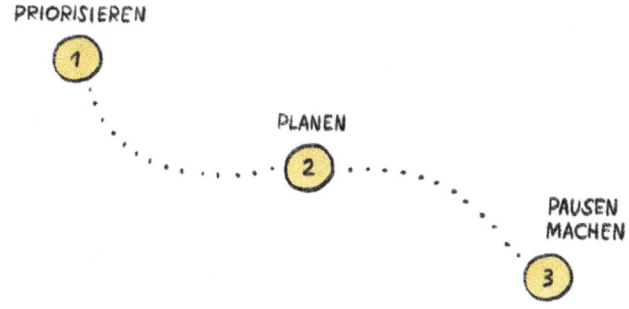

Abb. 4.1 Der Weg zu stressfreier Produktivität: Priorisieren, Planen, Pausen machen. (© Blanka Vötsch. All rights reserved)

Gedanken wie die folgenden kommen auf:

- Ich will mein Zuhause auch einfach mal genießen!
- Wozu habe ich einen Garten, wenn ich dort immer nur arbeite, aber niemals einfach nur darin sitzen kann?
- Ich muss hier alles selber machen!

Wie finden wir einen Mittelweg – auch im Privaten? Wie schaffen wir es, einen gewissen Standard an Ordnung und Sauberkeit aufrechtzuerhalten und trotzdem auch mal einen Tee auf der Terrasse trinken zu können?

Eins ist gewiss: Es wird sich niemals alles von unserer To-do-Liste umsetzen und erledigen lassen. Dafür gibt es zu viel zu tun, zu viel Freizeitangebot, zu viele gute Ideen. Wir haben immer irgendwelche Vorhaben und das ist auch gut so. Doch wir müssen entscheiden, was uns wichtig ist und was warten kann. Und vor allem: was von der Liste gestrichen werden sollte. Nachdem sich also ohnehin niemals alles ausgeht, was du vorhast: Überleg dir gut, was du mit deiner Zeit anfangen möchtest!

Für ein produktives und erfülltes Leben stelle ich dir in diesem Buch die 3P-Methode, siehe Abb. 4.1 vor.

Für das Wichtigste in deinem Leben musst du dir bewusst die Zeit nehmen. Sonst wird es nicht passieren. Aber was ist denn wirklich wichtig? Darum geht es im ersten Teil dieses Buches: um das Priorisieren.

Teil I

Priorisieren

„Wenn alles eine Priorität ist, ist nichts eine Priorität."
Simon Fulleringer

5

Priorisieren

Zusammenfassung Wer alles gleichzeitig tun will, erreicht wenig. Erfolg und Zufriedenheit entstehen durch klare Entscheidungen: Was ist wirklich wichtig? Was hat Priorität? Statt ständig zu reagieren und alles gleichzeitig zu versuchen, braucht es Fokus. Unsere Zeit ist begrenzt, deshalb sollten wir sie uns bewusst für die wichtigen Dinge im Leben nehmen. Wenn du nicht selbst entscheidest, womit du deine Tage füllst, tun es andere für dich. Viel zu oft verschieben wir etwas auf „später" und merken nicht, dass aus „später" oft „nie" wird. Die 3P-Methode beginnt mit dem bewussten Priorisieren: Ziele werden sortiert, um den Fokus auf das zu lenken, was zählt – beruflich wie privat. Wer seine Prioritäten kennt, kann gezielt „Nein" sagen, fokussierter handeln und mit weniger Aufwand mehr erreichen.

5.1 Sleep faster!

Ich bin ein großer Fan von Arnold Schwarzenegger. Seine Filme mögen nicht jedem gefallen, aber Fakt ist, dass er unglaublich viel erreicht hat. Seine Autobiografie ist sehr lehrreich. Generell empfehle ich dir, Biografien zu lesen. Erfolgreiche Menschen lernen wir meistens erst kennen, wenn sie bereits viel erreicht haben. Doch in ihren Erzählungen zeigt sich, wie steinig ihr Weg oft war, wie viele Enttäuschungen sie erlebt haben und über welche Umwege sie an ihrem Ziel angekommen sind. Und die für mich wichtigste Erkenntnis aus Schwarzeneggers Biografie war: Es braucht Fokus auf eine Sache, Durchhaltevermögen, Leidenschaft und viel Arbeit, um Großes zu erreichen! Es hat meistens nur wenig mit Talent und gar nichts mit Glück zu tun. Eine Aussage von Arnold habe ich nicht ganz so ausgelegt, wie sie gedacht war: „Sleep faster!" In einer wirklich inspirierenden Rede geht er genau darauf ein, wie viel Zeit wir in unserem Leben verschwenden und wie wichtig es ist, dass wir uns unserer Lebenszeit bewusst sind. Mit „sleep faster" meinte er – mehr im Scherz –, man solle nur sechs Stunden statt acht Stunden schlafen.

Vor ein paar Jahren habe ich „sleep faster" übertrieben, denn ich wollte meine Ziele erreichen. Alle Ziele und zwar sofort. Geduld war noch nie meine Stärke. Und so versuchte ich, so viel wie irgend möglich in meinen Tag zu pressen, um nicht sagen zu müssen, dass ich für etwas keine Zeit hätte. Leider ist dann doch etwas zu kurz gekommen: mein Schlaf. Ich lebte nach dem Motto „Wenn der Tag zu kurz ist – kein Problem! Nimm einfach die Nacht dazu!" Und das funktionierte erstaunlich lange sehr gut. Beruflich war ich erfolgreich, ich hatte bereits meine großartige Familie, ein Hobby – alles schien perfekt. Doch dann wurde der Druck zu groß. Und ich tat das, was wir Menschen gut können: Ich ignorierte die Warnzeichen konsequent. Ich wollte so sehr an die Vereinbarkeit von Familie und Beruf glauben, dass ich dachte: Andere schaffen das auch, also wirst du es auch schaffen! Was dabei rauskam, hast du bereits in der Einleitung gelesen. Mein Körper hielt das Stoppschild hoch und zwang mich, innezuhalten.

Ich gestehe: Ich war immer schon und bin immer noch ein Produktivitätsfreak. Unzählige Bücher darüber habe ich verschlungen, zahlreiche Seminare dazu besucht, verschiedenste Systeme getestet und mir überall das herausgeholt, was mir am meisten geholfen hat. Nach und nach habe ich mein eigenes System gebaut und immer weiter optimiert. So konnte mein Produktivitätsmuskel ganz natürlich mitwachsen. Selten fühle ich mich gestresst und das war früher schon so. Ein großer Wandel kam jedoch mit der Geburt unserer Kinder. Die freie Zeit, die für mich früher zur Verfügung stand, wurde dadurch praktisch auf fast null reduziert. Nach der Geburt unseres zweiten Sohns hatte ich bereits beim Aufstehen am Morgen das Gefühl, in einem Zeitdefizit zu stecken. Ich versuchte das Problem mit mehr Effizienz und Multitasking zu lösen. Grundsätzlich ist gegen mehr Effizienz ja auch nichts einzuwenden. Doch irgendwann gibt es kaum noch Raum für Optimierung und dann können wir nur noch Aufgaben auslagern oder bei dem Versuch, doch noch alles selbst zu schaffen, zu frustrierten Arbeitsmaschinen werden. Die nahe liegende Idee kam mir damals nicht: Dinge wegzulassen. Denn wie sollte das gehen? Arbeitszeit reduzieren? Ich mag meine Arbeit doch. Und gerade als Frau ist es wichtig, schnell wieder Vollzeit einzusteigen. Die Hobbys einschränken? Noch weiter reduzieren? Ich komme doch schon jetzt zu nichts mehr.

Vielleicht kennst du solche Gedanken? So vernachlässigen wir häufig gerade das, was nicht vernachlässigt werden sollte: die Zeit für uns selbst, für Bewegung, um Freunde zu treffen, und die Zeit für die Partnerschaft. All das, was wirklich zählt und langfristig zu unserem Glück und unserer Zufriedenheit beiträgt, muss warten – warten, bis irgendwann der Tag kommt, an dem wieder mehr Luft ist. Unter uns: Dieser Tag wird niemals kommen!

5.2 Die Illusion des Zeitmangels

Viele klagen über ein chronisches „Ich habe keine Zeit"-Syndrom. Doch ist diese Aussage wirklich wahr? Oder handelt es sich hierbei um den größten Irrglauben unserer Zeit?

Wir leben in einer Zeitparadoxie. Wir beklagen uns mehr denn je über Zeitmangel, während unser Leben gleichzeitig von Zeiteinsparungen und technologischem Fortschritt geprägt ist. Das Internet, Smartphones und soziale Medien haben uns einerseits Möglichkeiten geschaffen, schneller und effizienter zu kommunizieren und Informationen zu erhalten. Andererseits haben sie aber auch eine Kultur der ständigen Erreichbarkeit, des dauernden Beschäftigtseins und eine Welt voller Ablenkung geschaffen. Ein Hauptgrund für den Irrglauben „Ich habe keine Zeit" liegt darin, dass wir uns oft von äußeren Einflüssen steuern lassen, anstatt unsere Zeit bewusst zu gestalten. Die ständige Reizüberflutung führt dazu, dass wir uns in einem Strudel aus To-do-Listen und Terminen verlieren, ohne zu hinterfragen, ob das, was wir tun, von Bedeutung für uns ist.

„Dafür habe ich keine Zeit!" So falsch ist diese Aussage gar nicht. Warum? Weil niemand von uns Zeit hat. Zeit können wir nicht haben. Zeit können wir uns nur nehmen! Sie verrinnt stets gleichmäßig und es ist ihr egal, was du oder ich währenddessen tun oder auch nicht tun. Die Uhr tickt gleichmäßig weiter und die traurigste Vorstellung für uns Menschen ist nicht der Gedanke daran, dass wir eines Tages sterben werden, sondern dass wir kurz vor unserem Tod voller Bedauern und Wehmut darüber auf unser Leben zurückblicken werden, dass wir uns nie Zeit für die wichtigen Dinge im Leben genommen haben: für Familie und Freunde; für große Träume und Ziele; für uns selbst. Und dann wirst du vielleicht denken: „Ich wollte Südamerika bereisen", „Ich wollte ein Buch schreiben", „Ich wollte mehr meditieren" oder „Ich wollte mich selbstständig machen – wollte ich wirklich! Nur etwas später: wenn die Ausbildung abgeschlossen ist, wenn die Kinder größer sind, wenn das Haus abbezahlt ist, wenn die Kinder aus dem Haus sind, wenn ich in Rente gehe …"

»Uns fehlt nicht die Zeit, uns fehlt der Fokus!

Uns fehlt der Fokus auf das Wichtige, auf das Wesentliche. Und so hetzen wir wahnsinnig beschäftigt durch den ganzen Tag, sind am Abend fix und fertig und merken dann: „Das Wichtigste ist doch liegengeblieben: Die Anfrage dieses wichtigen Kunden habe ich unbeantwortet gelassen, das Geburtstagsfest meiner Oma habe ich noch nicht organisiert, beim Sport war ich wieder nicht." Und dann fragst du dich: „Was habe ich eigentlich den ganzen Tag gemacht?" Das ist eine sehr gute Frage!

Ich gebe dir jetzt ein Tool an die Hand, mit dem du feststellen kannst, warum sich nur so viel ausgeht, wie es jetzt der Fall ist.

5.3 Was machst du eigentlich den ganzen Tag?

Kennst du das?

> **Ein Tag voller Ablenkungen**
>
> Du startest voller Elan in den Arbeitstag: „Heute endlich mal keine Meetings. Jetzt ist die wichtige Auswertung dran, die ich schon seit zwei Wochen erstellen will." Doch kaum sitzt du am Computer, lenkt dich eine E-Mail-Benachrichtigung ab. Das könnte wichtig sein, daher liest du die E-Mail. „Okay, doch nicht so wichtig. Aber jetzt bin ich schon hier und ein schneller Blick kann nicht schaden – vielleicht ist inzwischen eine wichtige Nachricht eingegangen." Nach einer Stunde und 30 oberflächlich gelesenen E-Mails bist du zwar informiert, aber produktiv warst du nicht. Und dein Kopf dröhnt vor Informationen und Problemen. „Jetzt brauche ich schnell einen Kaffee." In der Küche triffst du einen netten Kollegen. Nach zehn Minuten Smalltalk über das Wochenende fragt er dich, ob du dir nur ganz kurz etwas anschauen könntest. Er kommt bei einer Aufgabe nicht weiter. Nach einer Stunde hast du sein Problem gelöst und willst dich schleunigst an deine eigene wichtigste Aufgabe machen: die Auswertung. Doch jetzt ruft deine Chefin an und will einen Bericht von dir, weil die Kollegin Urlaub hat. Missmutig erstellst du den Bericht und verschickst ihn.
> „Es ist schon 10:30 Uhr! Jetzt wird es Zeit für meine Auswertung!" Doch schon nach zehn Minuten wirst du erneut unterbrochen. Eine Kollegin chattet dich an, ob du bereits ihre E-Mail gelesen und einen Vorschlag für die Herausforderung in Bezug auf das aktuelle Projekt hättest. Du suchst und liest die E-Mail. Bis du die Antwort verfasst hast, ist es bereits 11:30 Uhr. Du stellst deinen Status im Kommunikationskanal auf „Nicht stören" und machst endlich bei deiner Auswertung weiter. „Wo war ich? Habe ich diese Daten schon berücksichtigt? Am besten fange ich von vorne an." Nach 20 min spaziert jemand in dein Büro – wie schön ist sie doch, diese Open-Door-Policy! Den Kollegen magst du, daher unterhaltet ihr euch kurz. Als du dich 15 min später wieder zum Bildschirm drehst, siehst du eine Erinnerung: „Reifen!" Ach ja, du wolltest doch den Reifenhändler anrufen! Das Telefonat dauert nur fünf Minuten. Jetzt, wo du das Handy in der Hand hast, siehst du kurz nach, ob dir jemand auf einem der diversen Kanäle eine Nachricht geschickt hat. Bei der einen oder anderen App bleibst du hängen und im Handumdrehen sind 30 min um. „Mist! Jetzt muss ich in die Kantine, sonst bekomme ich kein Mittagessen mehr."
> Um 13:00 Uhr, nach dem Essen und dem gemeinsamen Kaffee mit den Kollegen, fühlst du dich zwar etwas müde, „aber für einen Spaziergang

> kann ich mir doch keine Zeit nehmen!" Du setzt dich an deinen Computer und versuchst das Stadium des Suppenkomas zu übertauchen. Um 13:30 Uhr ruft dich dein Sohn an: „Du hast doch die Anmeldung für den Skikurs nicht vergessen, oder? Die Lehrerin hat gemeint, ich könnte sonst nicht mitfahren."
>
> Mist, wo war dieses Formular? Habe ich es per E-Mail bekommen? Oder war es doch in der Schul-App? Schnell druckst du das Formular aus – ausfüllen, einscannen, abschicken. „Huhhh, Skikurs gerettet!"
>
> 14:00 Uhr – jetzt bist du wieder fit und machst dich an die Auswertung. Nach fünf Minuten kommt dein Vorgesetzter in dein Büro. „Kannst du mir den Bericht bitte erklären? Oder komm am besten gleich mit in das Meeting und erklär du ihn dem Management!" Um 14:50 Uhr bist du wieder im Büro. „Okay, ich muss zwar um 16:00 Uhr die Kinder abholen, aber vielleicht geht sich diese Auswertung doch noch aus. Also los!" 15:00 Uhr: Dein Handy läutet. „Du bist per Teams nicht erreichbar!" Gereizt erwiderst du: „Ja, weil ich etwas fertigmachen muss!" – „Ich will nur ganz kurz etwas fragen. Dauert keine fünf Minuten." Nach 20 min legst du auf und starrst auf den Bildschirm. „Wo war ich gerade?" Du denkst dich wieder in das Thema rein, das dauert aber. Vor allem bist du schon abgelenkt, weil die Uhr tickt: In zehn Minuten musst du fahren.
>
> Um 16:00 Uhr packst du deinen Laptop ein und bist ziemlich frustriert. „Jetzt habe ich die wichtigste Aufgabe doch nicht erledigt und muss das am Abend machen! Was habe ich denn bitte den ganzen Tag gemacht?" Da ist sie wieder, diese sehr gute Frage!

Genau darum geht es. Wir sind allzu oft beschäftigt, aber nicht produktiv. Findest du diesen Beispieltag oben belustigend, vielleicht übertrieben? Glaube mir, das ist noch eine harmlose Variante unserer zerklüfteten Zeit! Untersuchungen zeigen, dass wir im Büro durchschnittlich alle drei Minuten unterbrochen werden. Alle drei Minuten! So ist effiziente Arbeit unmöglich!

Wenn du wissen willst, warum du keine Zeit hast, dann musst du zunächst wissen, womit du deine Zeit verbringst! „Warum sollte ich das tun? Sag mir einfach, wie ich effizienter werde, denkst du jetzt vielleicht." Doch wenn du produktiver werden möchtest, musst du zunächst herausfinden, wie du deine Zeit verbringst. Nur so kannst du Verbesserungen vornehmen und produktiver werden. Mein Rat: Starte mit einer genauen Bestandsaufnahme deiner täglichen Aktivitäten, um die Kontrolle über deine Zeit zurückzugewinnen! Stell dir vor, du willst mit dem Auto von A nach B fahren. Es reicht nicht, wenn du nur das Ziel ins Navigationssystem eingibst. Du musst auch wissen, wo du jetzt bist. Ohne Standort kann keine Route berechnet werden. Dein Navi weiß nicht, in welche Richtung du fahren solltest. So ist es auch mit deiner Zeit: Du musst zuerst wissen, wie du deine Zeit verbringst, wo du also stehst. Erst dann kannst du feststellen, was du verbessern kannst.

Beginne also mit einer Bestandsaufnahme. Erst wenn du Klarheit darüber hast, kannst du Maßnahmen setzen, die dir nachhaltig dabei helfen, die Kontrolle über deine Zeit – und damit über dein Leben – zurückzugewinnen. Denke daran:

» Klarheit ist Macht!

Schreibe mindestens einen Tag lang auf, was du machst. Es sollte sich um einen normalen Arbeitstag handeln. Diese Zeiterfassung sollte sehr genau sein – auf die Minute genau. Ich gebe dir ein Beispiel (Abb. 5.1):

5.4 Womit verschwendest du deine Zeit?

Nachdem du die Liste erstellt hast, wirst du vielleicht überrascht sein. War dir vorher klar, womit du deine Zeit verbringst?

Nimm jetzt ein paar bunte Stifte zur Hand und gehe die Liste durch! Es geht darum, verschiedene Arten von Tätigkeiten mit verschiedenen Farben zu markieren.

Zeitkiller

Wir fangen mit den Zeitkillern an. Was ist ein Zeitkiller? Alles, was dich beschäftigt, aber kein Ergebnis bringt.

Hier eine ganze Liste an Zeitkillern:

- Fernsehen (oder Netflix oder Amazon Prime – egal, wo du Filme oder Serien schaust): Es spricht nichts dagegen, hin und wieder mal einen

UHRZEIT	TÄTIGKEIT
08:00 - 08:10	Im Büro angekommen, Angebot angefangen
08:10 - 08:20	Kaffee geholt und Facebook gecheckt
08:20 - 08:30	10 Emails durchgelesen, eine beantwortet
08:30 - 08:45	Angebot angefangen, durch Handy abgelenkt
08:45 - 09:15	LinkedIn checken
09:15 - 10:00	Angebot angefangen, durch Telefonat unterbrochen
10:00 - 10:15	Telefonat
10:15 - 10:45	Angebot fertiggestellt
10:45 - 11:00	Kaffeepause
11:00 - 11:20	Neue Emails gelesen, zwei beantwortet
11:20 - 11:30	Präsentation angefangen, durch Handy abgelenkt
11:30 - 11:45	Instagram checken
11:45 - 12:00	Präsentation angefangen
12:00 - 12:05	Kaffee geholt
12:05 - 12:10	Präsentation angefangen, durch Telefonat unterbrochen
12:10 - 12:15	Telefonat
12:15 - 12:25	Emails gelesen
12:25 - 12:45	Mittagessen am Arbeitsplatz, Präsentation fertiggestellt

Abb. 5.1 Was hast du heute wirklich getan? Willkommen in der Zeiterfassungsrealität. (© Blanka Vötsch. All rights reserved)

Film anzusehen. Aber wenn du über Zeitmangel klagst, findest du hier Zeit.
- Social Media: Mit Freunden zu kommunizieren, ist gut und wichtig. Aber Hand auf Herz: Wie oft scrollst du einfach durch Social Media und siehst dir Kurzvideos von Personen an, die du überhaupt nicht kennst?
- Ablenkungen: Benachrichtigungen am Handy, Gespräche mit Kollegen oder Nachbarn – oder aber auch der Haushalt. Du müsstest beruflich etwas erledigen, bist dir aber nicht sicher, wo du anfangen sollst, also räumst du zuerst den Geschirrspüler aus.
- Unterbrechungen: Durch sie verlierst du die Konzentration. Das kann ein Smalltalk sein – nett gemeint, vielleicht nur ein paar Minuten. Trotzdem ist deine Konzentration weg.
- Perfektionismus: Arbeite genau und liefere Qualität, klar! Aber bleibe nicht bei unwichtigen Details hängen.
- „Ja" sagen: Es fällt uns oft schwer, „nein" zu sagen. Wenn das nächste Mal jemand deine Hilfe möchte, frage dich: „Will ich das machen? Ist meine aktuelle Aufgabe weniger wichtig?"
- Aufschieberitis: Aufgaben gleich zu erledigen, spart Zeit und entlastet deinen Kopf.
- Unordnung: Ständiges Suchen ist anstrengend. Außerdem stört die Unordnung auch deinen Geist. Du kannst dich nicht gut konzentrieren, wenn dein Schreibtisch einer Kreativwerkstatt ähnelt.
- Meetings ohne Agenda: Im Beruf sind Besprechungen ohne vordefiniertes Ziel und Moderation ein schlimmer Zeitkiller und enden oft in endlosen Diskussionen. Bevor du ein Meeting einberufst, überlege: „Kann ich das auch mit einem einfachen Telefonat oder einer E-Mail klären?"
- IT-Probleme: Deine Internetverbindung ist langsam, dein PC macht das 20. Update in Folge, die Festplatte ist kaputt und du hast keine Sicherungskopie. Du verwendest nur gratis Software und kannst deshalb bestimmte Dateien nicht öffnen. An solche Dinge denken wir gar nicht, doch in Umfragen gaben Arbeitnehmer an, dass sie regelmäßig Zeit genau damit verlieren.

Betrachte deine Liste genau und markiere alle Zeitkiller in einer Farbe, zum Beispiel in Rot!

Organisatorisches

Natürlich sind organisatorische Aufgaben notwendig, aber oft ist es uns nicht bewusst, wie viel Zeit wir damit verbringen.

Hier ein paar Beispiele:

- E-Mails bearbeiten
- Termine organisieren – beruflich (Meetings, Seminare) und privat (Geburtstagsfeier, Urlaub)
- Telefonate – beruflich und privat
- Einkaufsliste schreiben (und den Einkauf erledigen)
- Geschenke besorgen
- Organisatorisches rund um Schule und Kinderbetreuung
- Arztrechnungen einreichen
- Anmeldungen und Formulare ausfüllen

Markiere Organisatorisches wieder in einer eigenen Farbe.

Ich-Zeit und Familienzeit

Deine Morgenroutine, das gemeinsame Essen mit der Familie, Freizeitaktivitäten – alles, was du für dich und mit deiner Familie tust, fällt in diese Kategorie.

> **Achtung: Es geht hier nicht um Arbeit!**
>
> Den Haushalt zu machen, zu kochen oder einzukaufen ist weder Ich- noch Familienzeit! Ich mache auch manchmal die Wäsche in der Pause oder koche etwas, während ich mir ein Online-Seminar ansehe. Das ist aber keine Ich-Zeit. Auch wenn deine Familie im Garten spielt und du nebenbei den Rasen mähst, ist das keine Familienzeit! Markiere deine Ich- und deine Familienzeit in einer eigenen Farbe!

Berufsbezogene Aufgaben

Egal, ob du angestellt oder selbstständig bist – du hast viele verschiedene Aufgaben zu erledigen. Markiere gleichartige Aufgaben jeweils in einer eigenen Farbe – zum Beispiel die Angebotserstellung in Grün und die Präsentation in Blau!

Haushalt & Co.

Einkaufen, putzen, aufräumen, kochen, waschen – all das gehört zum Alltag und zum Leben dazu. Manches machen wir gerne, anderes nicht. Häufig unterschätzen wir allerdings, wie viele Stunden unserer Freizeit wir mit Haushaltsaufgaben verbringen. Markiere all diese Aufgaben mit einer eigenen Farbe!

Sonstiges

Wenn du zusätzliche Kategorien hast – zum Beispiel für Sport oder ein Hobby – , kannst du gerne weitere Farben verwenden. Fürs Erste solltest du aber nicht zu viele Kategorien verwenden, damit du nicht den Überblick verlierst.

Wenn du alles markiert hast, sieh dir das Ergebnis an: Wie sieht dein Tag aus? Wie ein Flickenteppich? Oder hast du große, farblich gleiche Blöcke dabei? Abb. 5.2

Gratuliere! Du hast den ersten und entscheidenden Schritt gemacht: Du weißt jetzt, wie dein typischer Tag aussieht. Die meisten Menschen kommen gar nie dorthin, dass sie das wüssten.

Jeder Wechsel zwischen Tätigkeiten kostet dich Zeit und Konzentration. Wenn du eine Aufgabe ohne Unterbrechungen zu Ende bringst, bist du am effizientesten. Warum das so ist, werden wir noch ausführlich besprechen.

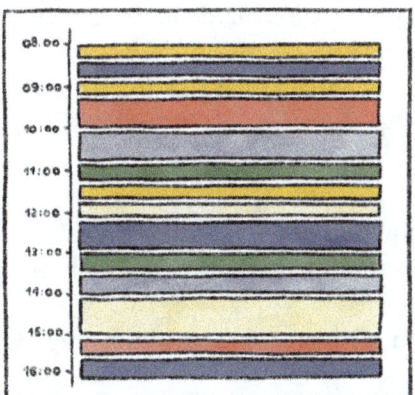

Abb. 5.2 Wie sieht dein Tag aus? Flickenteppich oder Fokusblöcke? (© Blanka Vötsch. All rights reserved)

Jetzt machen wir die erste Anpassung, indem wir uns deine Zeitkiller ganz genau ansehen und sie möglichst loswerden oder zumindest stark einschränken.

5.5 Die größten Feinde deiner Produktivität

Die häufigsten Zeiträuber sind: Ablenkungen, Unterbrechungen, Prokrastination und Multitasking. Sie alle kosten uns Zeit, erzeugen Stress und schaden so nicht nur unserer Produktivität, sondern insgesamt unserer Lebensqualität.

Ablenkungen
Wenn es um Zeiträuber geht, müssen wir zuallererst alle Social-Media-Apps verteufeln. Nun, es ist wirklich sehr verlockend, mal ganz kurz in einer App zu scrollen. Nur werden aus den geplanten fünf Minuten schnell mal 30 oder mehr. Ist das schlimm? Nicht unbedingt. Wenn du dir dafür Zeit nehmen möchtest, ist das dein gutes Recht. Doch wenn es dir immer wieder mehr oder weniger unbewusst passiert und du dich im Nachhinein über die verschwendete Zeit ärgerst, dann solltest du etwas daran ändern. Weil Zeit und Aufmerksamkeit so begrenzt und damit wertvoll sind, haben die sozialen Medienunternehmen ein Interesse daran, mit allen Mitteln so viel wie möglich davon abzugreifen. Deshalb zeigen sie den Nutzern statt langweiliger Inhalte Material, das ihre Aufmerksamkeit garantiert festhalten wird.

Natürlich kann man sich das schönreden. Was ich schon alles an Erklärungen bekommen habe:

- „Facebook entspannt mich."
- „Ich sammle Inspiration auf Instagram."
- „LinkedIn ist doch meine Plattform, um mich zu vernetzen. Ich muss dort viel Zeit verbringen."
- „Ich will mit der jungen Generation mithalten. Da muss ich doch die Videos auf TikTok sehen."

Aber insgeheim weißt du, dass du nach den ersten fünf Minuten bewusst konsumierten Inhalts von den Tiefen des Algorithmus in den Bann gezogen wurdest und deshalb erst wieder vom Display aufschaust, wenn du von jemandem beim Scrollen gestört wirst.

Die Apps von deinem Smartphone zu löschen, ist eine gute, aber auch eine etwas radikale Möglichkeit. Ich bevorzuge eine einfachere Methode: Definiere fixe Zeiten für deinen Social-Media-Konsum! Wie viel Zeit willst du denn täglich oder wöchentlich mit Katzenvideos verbringen? Bevor du die App öffnest, stellst du den Timer auf die vordefinierte Dauer. Du wirst erstaunt sein, wie schnell die Zeit gefühlt vorbeigehen kann!

Es muss allerdings nicht immer das Handy schuld sein. Wir lassen uns generell gerne ablenken – vor allem, wenn die betreffende Tätigkeit nicht besonders spannend für uns ist, von der wir uns deshalb nur allzu gern ablenken lassen.

Unterbrechungen
Die vielleicht größte Herausforderung unserer Zeit ist es, konzentriert zu arbeiten, ohne sich unterbrechen zu lassen. Eine Unterbrechung kann von unseren Mitmenschen ausgehen oder auch die Benachrichtigung über das Eingehen einer neuen E-Mail sein. Bei einer Unterbrechung beenden wir jedenfalls die bisherige Tätigkeit und fangen eine neue an.

Natürlich fällt uns auch hier sofort unser Smartphone als Übeltäter ein. Und das stimmt auch gewissermaßen. Wie vorher beschrieben, verbringen wir viel Zeit damit, auf unsere Handys zu starren. Wir greifen viel öfter zum Smartphone, als es uns bewusst ist. Ganz kurz eine Benachrichtigung zu prüfen, kostet doch nicht viel Zeit, könnten wir meinen. Aber auch der kurze Blick auf eine Nachricht unterbricht unsere Konzentration.

Interessanterweise fällt es uns auch schwer, uns zu konzentrieren, wenn das Handy außer Reichweite ist. Aber warum? Jetzt gibt es doch keinen Grund mehr, von der Tätigkeit aufzusehen. Wir könnten jetzt ganz im Flow aufgehen. Wieso funktioniert das nicht? Weil wir es verlernt haben! So drastisch das auch klingt – in den vergangenen 20 Jahren hat sich die Entwicklung mit den Smartphones so beschleunigt, dass wir es einfach gewohnt sind, wie selbstverständlich laufend auf dieses kleine Gerät zu sehen. Damit haben wir unser Gehirn darauf trainiert, ständig unterbrochen zu werden. Und obwohl wir uns auf eine bestimmte Sache fokussieren wollen und das Handy in einem anderen Zimmer liegt – irgendwie will das mit der Konzentration nicht gelingen. Wir unterbrechen uns selbst, einfach aus Gewohnheit. Dazu gibt es spannende Forschungsergebnisse (Naftulin, 2016).[1] Diese kurzen Unterbrechungen reichen aus, um unseren Fokus zu stören: mit Gedanken, mit Ablenkungen, mit dem nervösen Griff nach dem Handy.

Doch Fokus kann trainiert werden. Dazu kommen wir gleich im nächsten Abschnitt.

Prokrastination
Es ist völlig normal, dass du ab und zu etwas aufschiebst und nicht alles sofort erledigst. Es ist auch gar nicht möglich, immer alles sofort zu erledigen. Doch immer mehr Menschen belastet das Phänomen des chronischen Aufschiebens – privat wie beruflich.

Hier ein paar Beispiele:

- Du solltest für eine Prüfung lernen, putzt aber die Wohnung.
- Du wolltest die Wohnung putzen, ordnest aber lieber deine Bücher.
- Die Buchhaltung steht an, du beschließt aber, die Pflanzen umzutopfen.
- Der Kunde hat sich beschwert und erwartet deinen Rückruf. Du ordnest stattdessen deine E-Mails.

Hand aufs Herz! Wie oft machst du etwas, obwohl du weißt, dass diese Aufgabe jetzt nicht die höchste Priorität hat? Die meisten machen das oft – zu oft. Das ist auch menschlich und verständlich. Aber es macht dein Leben komplizierter und stressiger. Wenn dieses Verhalten überhandnimmt, dann sprechen wir von Prokrastination – oder umgangssprachlich von Aufschieberitis. Die Gründe dafür sind vielschichtig und allein dieses Thema könnte ein Buch füllen. Und der häufigste Grund für Prokrastination bringt uns zum nächsten Feind deiner Produktivität: Zur Angst.

Der häufigste und meist unterschätze Grund: Angst

Was hat bitte Angst mit Produktivität zu tun? Eine ganze Menge! Dieser Grund wird meistens unterschätzt, aber sehen wir ihn uns genauer an: Ein schwieriges Gespräch mit einem Kunden steht an. Es wird wahrscheinlich unangenehm werden und du befürchtest, dadurch sogar den nächsten Auftrag zu verlieren. Oder du machst deine Abschlussarbeit nicht fertig, weil du unbewusst Angst davor hast, das vertraute Umfeld der Universität zu verlassen. Du schiebst also auf oder perfektionierst ewig, schließt die Aufgabe aber nicht ab.

Eines ist klar: Wer nichts macht, kann auch nichts falsch machen. Das scheint eine logische Lösung bei Angst zu sein. Nur leider bedeutet das auch, dass du mit deinen Aufgaben nicht weiterkommst. Angst führt auch häufig zu Perfektionismus. Vielleicht hast du auch Angst, nicht gut genug zu sein, und verschwendest eine Menge Zeit mit unwichtigen Details. Hohe Ansprüche sind gut. Ich plädiere auf keinen Fall für schlampige Arbeit, mir ist eine hohe Qualität sehr wichtig. Die Frage ist nur: Was ist gut genug? Wenn du merkst, dass du mit einer Sache schon ewig nicht fertig wirst, weil etwas noch immer nicht gut genug ist, dann ist das ein Indiz für Perfektionismus. Oft dient er unbewusst dazu, (noch) nicht das Risiko eingehen zu müssen, ein negatives Feedback zu bekommen.

Vielleicht machst du etwas nicht, weil du die Konsequenzen vermeiden möchtest. Das kann etwas Offensichtliches sein: Die Steuererklärung zieht wahrscheinlich eine Steuernachzahlung mit sich, wofür du gerade kein Budget hast. Also schon wieder die gute alte Angst. Glaub mir, jede Person kennt dieses Gefühl! Die Frage ist nur, wie wir damit umgehen.

Während ich hier sitze und diese Zeilen schreibe, plagen mich selbst auch Zweifel: Ist dieses Buch gut genug? Kann ich damit Menschen tatsächlich so viel mehr Lebensqualität schenken, wie ich es möchte? Sind meine Formulierungen gut – und so weiter. Endlose Fragen und Zweifel. Lass es nicht zu, dass deine Ängste dir im Weg stehen! Angst ist ein gutes Zeichen, denn wenn wir keine Angst vor dem nächsten Schritt hätten, wäre dieser Schritt nicht groß genug. Du bist nie bereit für das nächste Projekt, für den nächsten Job, für die nächste Beziehung. Egal, was ansteht: Es ist normal, Zweifel zu haben. Wenn du etwas tun willst, dann Augen zu und durch!

Multitasking – Freund oder Feind?

2020, als wir im Lockdown zu Hause blieben und neben der Arbeit auch noch die Kinder betreuen mussten, haben meine Tage regelmäßig so ausgesehen: zu Mittag mit dem Laptop in die Küche gehen und mit dem Kochen beginnen – natürlich mit dem Headset, denn gleichzeitig war ich auch in einer beruflichen Besprechung. Mein Laptop wurde auf ein Podest gestellt, damit ich alles mitverfolgen konnte. Während ich Gemüse geschnitten, die Soße umgerührt und die Kinder davon abgehalten habe, sich ernsthaft zu verletzen, erklärte ich Prozesse, schrieb ein Besprechungsprotokoll und kochte die Suppe. Das ging meistens nicht so gut aus: Die Suppe war versalzen, in der Besprechung habe ich nicht alles mitbekommen und die Kinder haben im Wohnzimmer die Wände mit Farbe beschmiert … Abb. 5.3

Hast du viel zu tun, könntest du geneigt sein, mehrere Tätigkeiten gleichzeitig zu tun. „Was spricht auch dagegen? Damit spare ich doch Zeit und ich kann mehr erledigen." Unser Gehirn ist allerdings dafür ausgelegt, sich nur auf eine Sache zu konzentrieren. Wir sind eindimensional. Das menschliche Gehirn ist seit etwa 40.000 Jahren gleich aufgebaut und wird sich auch nicht so schnell verändern. Wenn du produktiver werden willst und du nur einen Tipp konsequent umsetzen kannst, dann fang mit Solotasking an! Solotasking ist das Gegenteil von Multitasking: Du konzentrierst dich auf nur eine Sache.

Abb. 5.3 Multitasking endet meist im Chaos. (© Blanka Vötsch. All rights reserved)

» Multitasking ist die Fähigkeit, vieles anzufangen und nichts fertig zu machen.

Ich weiß, dass „Multitasking" cool klingt, aber es ist ein Mythos! Am MIT (Massachusetts Institute of Technology) wurden 2017 Laboruntersuchungen (Miller, 2017; Baethge & Rigotti, 2010)[2] durchgeführt, die zeigten, dass wir, selbst wenn wir glauben, mehrere Aufgaben gleichzeitig zu tun, in Wirklichkeit mit ihnen jonglieren. Wir wechseln zwischen Aufgaben hin und her und das kostet Energie und Konzentration.

In nur ganz wenigen Fällen kannst du zwei Dinge gleichzeitig tun: zum Beispiel spazieren gehen und dich gleichzeitig unterhalten. Je komplexer die ausgeführte Tätigkeit ist, desto weniger eignet sie sich allerdings fürs Multitasking. Der Begriff „Multitasking" stammt übrigens aus der Softwareentwicklung der 1960er-Jahre und beschreibt die Fähigkeit eines Prozessors, mehrere Aufgaben gleichzeitig zu erledigen. Wobei die Bezeichnung sogar hier nicht passt, weil auch Prozessoren nicht zwei Informationen auf einmal verarbeiten können. Sie sind nur so schnell beim Wechseln zwischen den zwei Informationen, dass es so scheint, als würden sie zwei Sachen auf einmal machen. Das Gleiche passiert in gewisser Weise in deinem Kopf: Auch du wechselst zwischen den Tätigkeiten hin und her. Und jeder Wechsel kostet Konzentration und damit auch Zeit. Multitasking spart dir also keine Zeit. Du verlierst dadurch sogar Zeit, denn du musst dich jedes Mal in die neue Aufgabe reindenken. Bei einfacheren Aufgaben fällt das nicht so auf. Aber sobald etwas Anspruchsvolleres erledigt werden muss, wirst du merken, dass du unkonzentriert bist.

Möglicherweise kennst du eine solche Situation: Du schreibst gerade eine E-Mail und jemand unterbricht dich. Vielleicht ist es nur eine kurze Frage und dauert nur 30 s. Nach der Unterbrechung willst du weiterschreiben und überlegst: „Mann, was wollte ich schreiben? Gerade hatte ich es doch noch im Kopf." Dann denkst du angestrengt nach und langsam fängst du wieder zu schreiben an. Du brauchst einige Zeit, bis du erneut im Thema angekommen bist. Das ist der sogenannte Wechselkosteneffekt (Switch-Cost; Rogers & Monsell, 1995).[3] Denn dieses neue

Reindenken ist wie eine Neukonfiguration deines Gehirns: Du musst dir überlegen, wo du warst und was dein letzter Gedanke gewesen ist. Häufig gehen dabei auch wertvolle Ideen verloren.

Je größer oder komplexer ein Projekt, desto konzentrierter solltest du deshalb arbeiten. Während ich an diesem Text schreibe, denke ich an nichts anderes, ich bin absolut im Flow. Beginne ich zu schreiben, dauert es einige Zeit, bis die Worte zu sprudeln beginnen – etwa fünf bis 15 min –, doch dann sind sie nicht zu stoppen. Bei jeder Unterbrechung unterbricht auch der Flow und es dauert wieder zwischen fünf und 15 min, bis der höchste Konzentrationszustand erreicht ist. Mit jeder kleinen Unterbrechung verlierst du also wertvolle Zeit. Und noch mehr: Du bist auch gestresster, wenn du dich nicht auf eine Sache fokussierst. Warum? Weil der ständige Wechsel dein Gehirn stresst. Wenn du mehrere Dinge gleichzeitig machst, geht dein Gehirn von einer Gefahrensituation aus. Und: Du hast vieles angefangen, aber wenig fertig gemacht. Du kannst also nichts abhaken, sondern hast viele Baustellen und das lässt dich nicht zur Ruhe kommen. Ein weiterer Grund, warum du durch Multitasking langsamer wirst: Es passieren dir Fehler, wenn du mit mehreren Tätigkeiten gleichzeitig jonglierst. Und diese Fehler musst du ausbessern.

Wenn Multitasking solch negative Auswirkungen auf uns und unsere Arbeit hat, warum halten wir trotzdem daran fest? Das hat mehrere Ursachen: Einerseits versuchen wir dem Zeitdruck, in dem wir heute leben, entgegenzuwirken. Nach dem Motto „Wenn sich nicht alles ausgeht, erledige ich einfach zwei Dinge auf einmal und schon geht sich alles aus". Das ist natürlich ein Trugschluss. Nach all den Untersuchungen und Studien, die es bereits zu diesem Thema gibt, wissen wir sogar, dass es sich umgekehrt verhält: Mit Multitasking schaffen wir noch weniger, sind gestresster und die Ergebnisse sind fehlerhaft. Leider ist Multitasking zu einer Gewohnheit geworden. Es reicht ein Blick in die Runde: Kaum jemand schafft es, länger als für fünf Minuten die Finger vom Smartphone zu lassen. Wir bemerken gar nicht mehr, dass wir während eines Gesprächs mit unseren Liebsten, in beruflichen Besprechungen oder während wir Aufgaben erledigen wollen, immer wieder zum Handy greifen. Das gehört wie selbstverständlich zum Leben dazu. Doch jede noch so kleine Unterbrechung durch eine Benachrichtigung erzeugt genau die negativen Effekte, die ich oben beschrieben habe. Umso wichtiger ist es, dass wir lernen, unseren Fokus bewusst zu lenken.

5.6 Fokus

> **„Der kürzeste Weg,**
> **um vieles zu erledigen,**
> **ist, immer nur eine Sache zu machen."**
> **Samuel Smiles**

Stell dir deinen Fokus wie ein Scheinwerferlicht vor: Du kannst einen Scheinwerfer nur auf einen Spot auf einmal richten. Punkt. Heute ist unser Fokus so zerstreut wie noch nie. Es haben sich zwar auch schon frühere Generationen darüber beklagt, dass ihre Aufmerksamkeit nachgelassen hätte – Seneca hat schon vor 2000 Jahren geschrieben, dass die Menschen sich nicht konzentrieren können und ihr Leben verschwenden. Allerdings hat es den Anschein, als wären wir modernen Menschen heute mit Juckpulver bestäubt worden, wodurch unsere Gedanken ohne Unterbrechung hin und her springen: Wir sind beinahe unfähig, uns auf die wichtigen Dinge zu konzentrieren. Alles, was eine längere Aufmerksamkeitsspanne erfordert – sogar das Lesen eines spannenden Buches – ist seit Jahren auf dem Rückzug.

In einer Studie (Yeykelis et al., 2014)[4] wurden Studenten dabei beobachtet, wie sie ihre Aufmerksamkeit verteilen. Die Ergebnisse sind besorgniserregend: Ein Student hat im Durchschnitt alle 19 s die Aufgabe gewechselt. Man würde vielleicht denken, dass das bei Erwachsenen ganz anders ist, aber weit gefehlt: Eine andere Erhebung (MacKay, o. J.)[5] hat gezeigt, dass Büroangestellte im Durchschnitt nur drei Minuten an einer Aufgabe dranbleiben.

Wenn man das hört, kommen schnell Gedanken wie „Klar! Die Digitalisierung und unsere Smartphones sind an allem schuld!" oder „Das hat mit dem Verhalten der Menschen zu tun: Wir sind faul und undiszipliniert geworden. Wir müssen uns eben zusammenreißen!" auf. Aber das Problem liegt viel tiefer: Selbst wenn ich das Handy weglege, fällt es mir schwer, mich zu konzentrieren. Social Media und Handys – ja, das sind große Ablenkungsquellen, das stimmt. Jedoch passiert auch etwas Grundsätzliches mit unserer Konzentration: Durch die Geschwindigkeit und unsere allgemeinen Lebensumstände wird unsere Konzentration gewissermaßen beschädigt. Wir können kaum noch fokussieren. Das sehe ich bei mir selbst: Wie schon erwähnt, habe ich früher unheimlich gerne gelesen, aber inzwischen fällt es mir schwer, mich auf einen Roman einzulassen. Ich hab es vorhin bereits erzählt: Ich liebe Fachliteratur über Produktivität, Zeitmanagement, KI und Psychologie, konsumiere sie aber lieber als Hörbuch. Warum? Weil ich sie so mit doppelter Geschwindigkeit hören und mir parallel dazu gleich Notizen in der App machen kann. Natürlich ist ein Hörbuch auch gut dazu geeignet, nebenbei gehört zu werden – etwa bei Haushaltstätigkeiten oder beim Autofahren. Doch das hat nicht die gleiche Qualität, wie ein Buch in der Hand zu halten, Sätze von Hand zu markieren und meine Gedanken dazuzuschreiben. Deshalb kaufe ich Bücher, mit denen ich mich näher befassen möchte, auch in der Printversion, um genau das zu tun. Wenn ich ein belletristisches Buch lese und die Geschichte nicht gleich auf den Punkt kommt, fällt es mir schwer, ihr zu folgen. Vielen geht es so, das wissen wir aus verschiedenen Untersuchungen. In den USA sind Lesezeiten rückläufig: 2022 hat knapp ein Drittel der Erwachsenen das ganze Jahr kein einziges Buch gelesen (Ingraham, 2018; Gelles-Watnick & Perrin, 2021).[6] Das Lesen von Büchern ist tatsächlich auf der ganzen Welt rückläufig, wie die Verkaufszahlen zeigen. Auch in Deutschland verändern sich die Lesegewohnheiten: Laut einer Erhebung des Statistischen Bundesamtes lasen Deutsche 2022 im Schnitt fünf Minuten weniger pro Tag als vor zehn Jahren – aktuell 27 min. Auffällig ist der Unterschied zwischen den Generationen: Während die über 65-Jährigen noch 54 min täglich lesen, sind es bei den 18- bis 29-Jährigen lediglich elf Minuten. Die ältere Generation hält damit den Durchschnitt hoch, während bei Jüngeren digitale Medien zunehmend das Lesen verdrängen.[7]

Fokus zu halten ist also mittlerweile eine der schwierigeren Disziplinen für uns Menschen – nicht nur beim Bücherlesen. Alle Lebensbereiche sind stark davon betroffen, dass wir uns nicht oder nur schlecht konzentrieren können: Unsere Leistung leidet darunter und ebenso unsere Beziehungen. Auf etwas zu fokussieren in einer Welt, in der irgendein Handy alle paar Sekunden einen Ton von sich gibt, ist nicht leicht. Es lohnt sich aber!

Warum Fokus so wichtig ist
Fokussierst du dich auf eine Sache, kannst du in relativ kurzer Zeit große Fortschritte darin machen. Teilst du allerdings deinen Fokus auf zu viele Themen auf, kommst du in keinem Bereich entscheidend weiter. Du wirst dich verzetteln. Du hast dann viel angefangen, aber nichts fertiggestellt. Dafür hast du aber den Kopf ständig mit halberledigten Aufgaben voll.

Stell dir vor, du willst ein neues Produkt erstellen, eine Dienstleistung konzipieren oder dich in einem bestimmten Bereich weiterbilden: Dafür brauchst du Zeit, und zwar regelmäßig. So etwas geschieht nicht an einem Tag. Du hast also diese Idee im Kopf, es ist dir auch wichtig und du willst damit möglichst bald anfangen. Nur kommt immer etwas dazwischen. Die Folge ist, dass du ständig an diese eine Sache denkst und ein schlechtes Gewissen hast, wenn du dich damit nicht beschäftigst. Deswegen beschäftigt sich dein Kopf trotzdem damit – ob du das willst oder nicht. Du kommst also nicht weiter, aber abschalten kannst du auch nicht. Das ist ein ziemlich frustrierender Zustand. Du denkst dir dann immer wieder, dass du irgendwann an einem Abend oder am Wochenende schon Zeit dafür haben wirst, doch wird das selten so eintreten. Und kaum hast du dich tatsächlich ans Werk gemacht, ruft jemand an, deine Familie braucht etwas oder dir fällt ein, dass du ein wichtiges Angebot noch nicht an den Kunden geschickt hast. Deshalb musst du dir für die wichtigsten Projekte Zeit reservieren! (Wie du deinen Fokus mit der richtigen Planung lenkst, erfährst du in Teil II).

Aber warum verzetteln wir uns eigentlich so oft? Das liegt wie schon angemerkt auch daran, dass wir heute so viele Möglichkeiten wie noch nie hatten. Es fällt uns schwer, eine Entscheidung zu treffen, weil wir unbewusst Angst haben, etwas zu verpassen. FOMO eben. Falls du dich fragen solltest, was FOMO bedeutet – das erklär ich dir sofort.

FOMO – Fear of missing out
Kennst du das?

> **Immer dabei – aber nie ganz da**
>
> Im Sommer gibt es jedes Wochenende eine Grillparty, ständig bist du bei jemandem eingeladen. Gefühlt bist du von Juni bis September jedes Wochenende unterwegs, dabei willst du doch am liebsten nur ein ruhiges Wochenende zu Hause verbringen – ohne Stress einfach mal nichts tun. Doch du schaffst es auch nicht, eine Einladung auszuschlagen. Immerhin wird das auch sicher eine nette Party. Und du willst die lustigen Situationen nicht verpassen, die dort bestimmt entstehen werden.
> Ein anderes Beispiel: Von meinem Schreibtisch aus blicke ich genau in unseren Garten. Sehe ich meine Familie bei Spiel und Spaß, fällt es mir schwer, mich auf die Arbeit zu konzentrieren. Irgendwie möchte ich Teil des Ganzen sein: Ich will mitspielen und dabei sein. Gleichzeitig will ich auch das Angebot für den Interessenten schreiben. Nur kann ich mich nicht zweiteilen, daher muss ich mich entscheiden, was im Moment wichtiger ist.

Wie kann es sein, dass wir so viele Möglichkeiten haben wie noch nie und gleichzeitig so unzufrieden sind? Gerade deswegen! Wir wollen die Möglichkeiten nutzen, uns nichts entgehen lassen. Doch das ist heute gar nicht mehr möglich. Auch hier gilt: Qualität vor Quantität! Du kannst zwar Augenblicke sammeln, doch was wirklich zählt, ist, wie präsent du im Moment bist. Bist du mit deinen Gedanken woanders und nur körperlich anwesend, dann gibt dir keine Party, kein Urlaub, kein Erlebnis der Welt das Gefühl, das du suchst: wunschlos glücklich in diesem Augenblick zu sein. Einfach nur zu sein.

FOMO (Fear of missing out) wurde als Begriff von Patrick J. McGinnis geprägt und beschrieb ursprünglich im strategischen Kontext Manager, die aus Angst, eine positive Entwicklung zu verpassen, zu viele Initiativen verfolgten (Kozodoy, 2017).[8] Heute beschreibt FOMO umgangssprachlich die Angst, etwas zu versäumen. So seltsam das klingt – nicht nur kleine Kinder weigern sich, ins Bett zu gehen, um bloß nichts zu versäumen. Immer mehr Erwachsene leben ebenfalls nach diesem Prinzip. Und es ist nicht verwunderlich: Bei all den Möglichkeiten und Informationen, die uns heute zur Verfügung stehen, ist es nicht einfach, sich für etwas zu entscheiden. Denn das bedeutet automatisch: Ich entscheide mich gegen all die anderen Möglichkeiten. „Soll ich heute im Kino die Premiere des neuen Blockbusters ansehen? Oder doch lieber zur Geburtstagsfeier des Nachbarn? Oder sollte ich endlich mal die Unterlagen vom Fernstudium durchlesen und mich für einen Zweig entscheiden?"

Ich denke, dieses Phänomen gab es schon immer. Doch in einer Zeit, in der soziale Medien und ständige Online-Verfügbarkeit allgegenwärtig sind, hat sich dieser Trend beunruhigend schnell entwickelt. Die Angst, etwas zu verpassen, treibt uns dazu, immer online zu sein, möglichst viel zu erleben. Doch diese FOMO-Falle hat ernsthafte Auswirkungen auf unsere Psyche, unser soziales Leben und unsere Fähigkeit, im Moment zu leben: Soziale Medien bieten uns einen endlosen Strom von Informationen. Wir sehen Freunde, Kollegen und sogar Fremde, die scheinbar ein aufregendes und erfülltes Leben führen. Es entsteht der Eindruck, dass unser eigenes Leben nicht ausreicht, dass wir nicht genug erleben oder erreichen. Doch diese Wahrnehmung ist absolut verzerrt. Denn soziale Medien zeigen meist nur die positiven und inszenierten Seiten des Lebens anderer Menschen. Die wenigsten posten Alltagsmomente, Stress, Unzufriedenheit oder Rückschläge. Das hat nicht nur negative Auswirkungen auf unser emotionales Wohlbefinden, sondern beeinflusst auch unser Entscheidungsverhalten. Wir werden anfälliger für impulsives Handeln und können uns schwerer auf eine bestimmte Aktivität oder ein Ziel konzentrieren. Abhilfe schaffen kannst du mit regelmäßigen Offline-Zeiten. Das kann bedeuten, das Smartphone beiseitezulegen und sich ganz auf das aktuelle Geschehen oder die Gespräche mit anwesenden Menschen zu konzentrieren. Das Wort „Achtsamkeit" wird manchmal zwar schon überstrapaziert, aber in diesem Fall ist es passend. Um achtsam zu sein, brauchst du nicht stundenlang meditierend über dem Teppich zu schweben. Es reicht, wenn du nur eine Sache auf einmal machst. Durch diese Achtsamkeit können wir uns von der ständigen FOMO-Abwärtsspirale lösen und eine tiefere Verbindung zu unserem eigenen Leben aufbauen. Dafür ist es allerdings notwendig, eine Entscheidung darüber zu treffen, was du eigentlich machen möchtest.

5.7 Ent-scheidungen

Um zu priorisieren, musst du deine Ziele kennen. Manch eine Entscheidung fällt uns leichter, eine andere unheimlich schwer. Denn wir wissen nicht, ob wir mit den Konsequenzen gut klarkommen werden. Hätten wir endlos Zeit auf dieser Welt, wären Entscheidungen weniger quälend.

Wir könnten eine nicht optimale Entscheidung leichter hinnehmen, denn wir hätten alle Zeit der Welt, um eine Alternative auszuprobieren und noch eine und eine weitere … Eine Entscheidung zu treffen, ist nicht leicht, das ist klar. Denn eine Entscheidung für eine Sache bedeutet auch, dass du dich von den anderen Möglichkeiten trennst. Deswegen heißt es auch Ent-scheidung. Viele Menschen fürchten sich vor Entscheidungen, weil jede einzelne mit Veränderungen einhergeht. Doch genau wegen dieser Veränderungen ist das Leben so spannend – weil wir uns entscheiden, uns entwickeln und dadurch wachsen können. Und auch wenn du in manchen Situationen keine Entscheidung triffst, ist das eine Entscheidung. Denn dann bleibt alles so, wie es jetzt ist – zumindest änderst du nichts daran. Das ist völlig in Ordnung, solange du dich bewusst dazu entschieden hast. Also ist jede Entscheidung besser, als keine Entscheidung zu treffen. Je bewusster du dich zwischen mehreren Alternativen entscheidest, desto mehr würdigst du deine Entscheidung, da du sie dir bewusst ausgesucht hast. Wenn wir eine Partnerschaft eingehen oder heiraten, sagen wir damit aus: „Ich will mit dieser Person den Rest meiner Tage verbringen." (Das ist zumindest meist die Intention.) Und das macht eine Verbindung erst so kostbar: Dass zwei Menschen sich bewusst füreinander entscheiden, obwohl es in der Welt viele Tausende andere potenzielle Partner gäbe.

Wenn du dich nun fragst, unter welcher Voraussetzung dir Entscheidungen weniger schwerfallen: Das ist immer dann der Fall, wenn du deine Ziele kennst und weißt, was dir wichtig ist.

5.8 Uhr und Kompass

Du willst von A nach B fahren. Nun kannst du ins Auto springen und losfahren, um möglichst schnell anzukommen. Doch wenn du den Weg noch nicht kennst, wirst du nur schnell am falschen Ort ankommen. Geschwindigkeit allein reicht nicht. Zuerst musst du dein Navigationssystem einstellen: „Hier bin ich jetzt und dorthin will ich!" Dann erst bekommst du Informationen zur Richtung und auch die geschätzte Zeit vorausgesagt. Nun bist du bereit für eine entspannte, stressfreie Reise – vor allem, wenn du Pausen und Pufferzeiten für Staus eingeplant hast.

Abb. 5.4 Die Uhr zeigt dir die Geschwindigkeit, der Kompass die Richtung. (© Blanka Vötsch. All rights reserved)

Viel zu oft konzentrieren wir uns aber nur auf die Zeit und denken zu wenig über die Richtung nach. Doch beides ist wichtig! Stell dir das so vor: Du brauchst eine Uhr und einen Kompass. Die Uhr zeigt die Zeit an und gibt dir so Hinweise auf die Geschwindigkeit. Sie steht damit für Effizienz. Der Kompass zeigt die Richtung an, in die es gehen soll. Er steht damit für Effektivität. Um statt nur beschäftigt, also produktiv zu sein, brauchst du beides: Uhr und Kompass – wobei du zuerst die Richtung bestimmen musst, siehe Abb. 5.4. Die Zeit ist zweitrangig. Sonst läufst du Gefahr, schnell am falschen Ort im Leben anzukommen.

»Die Richtung ist wichtiger als die Geschwindigkeit!

Nun ist es gar nicht so leicht, ein Ziel zu bestimmen. Denn damit musst du dich auf etwas festlegen und riskierst außerdem, deine Ziele eventuell nicht zu erreichen. Daher ziehen es manche vor, nur vage oder gar keine Pläne für ihre Zukunft zu schmieden. Ist es nicht seltsam, dass viele Menschen ihren Urlaub sorgfältiger planen als ihr Leben? Im restlichen Leben ändern viele Menschen ihre Ziele, wenn der Weg sich schwierig gestaltet. Aber würdest du dein Urlaubsziel ändern, nur weil sich auf der Autobahn vor dir ein Stau bildet? Eher würdest du überlegen, wie du den Stau handeln kannst: abwarten oder abfahren und Pause machen? Gibt es eine Umfahrung? Ist es wahrscheinlich, dass sich der Stau bald löst? Und genau so solltest du das in allen Lebensbereichen handhaben.

» Gib ein Ziel nicht auf, nur weil der Weg schwierig ist!

Vor allem am Anfang eines neuen Vorhabens geben viele auf – unabhängig davon, ob es darum geht, eine neue Gewohnheit zu etablieren oder eine Geschäftsidee in die Tat umzusetzen. Die meisten Menschen überschätzen, was sie in einem Jahr erreichen können und unterschätzen, was sie in zehn Jahren erreichen werden, wenn sie an einer Sache dranbleiben. Wolltest du mal eine neue Sportart, ein Instrument oder eine Sprache erlernen? Erinnerst du dich an die Anfänge? Der Beginn ist meist schwer. Du brauchst also Ausdauer, Disziplin und vor allem eine Richtung: ein Ziel vor Augen, das dich begeistert!

Dir ein Ziel zu setzen und die betreffende Sache damit zu priorisieren, ist der erste und wichtigste Schritt, um mit deiner Zeit besser umzugehen. Denn nur, wenn du weißt, was dir wichtig ist, kannst du deine Zeit dementsprechend einsetzen.

Als ich mit meiner Selbstständigkeit gestartet bin, war das alles andere als einfach. Ich habe meinen IT-Projektleiterinnen-Job in der Automobilindustrie gekündigt, um als Projektmanager-Trainerin zu arbeiten. Ich hatte mich vorbereitet, Kooperationspartner gesucht, erste Aufträge gesammelt und Geld angespart, um damit etwaige Einkommenseinbrüche zu überbrücken. Ich wollte auch einen lang gehegten Traum von mir umsetzen und eine Ausbildung zur Tanzlehrerin machen. Die Trainer dafür habe ich im spanischen Valencia gefunden. Weil mein Mann und ich schon länger Pläne geschmiedet hatten, in den Süden auszuwandern und er auch gut Spanisch spricht, war er dafür leicht zu begeistern gewesen. Daher habe ich eine Wohnung in Spanien gesucht, meinen Job gekündigt, die Kinder vom Kindergarten abgemeldet, und mein Mann ging in Bildungskarenz. Wir wollten das Leben in Spanien zwei Monate lang ausprobieren und dann entscheiden, ob wir dauerhaft dort bleiben wollten. Und so fuhren wir Ende Februar 2020 los und genossen Valencia ganze zehn Tage lang. Dann kam der erste Lockdown und eine Woche später waren alle meine Aufträge abgesagt und meine Tanzausbildung musste pausiert werden. Meine Familie war total genervt, weil wir die kleine Wohnung nicht verlassen durften. (In Spanien durfte nur eine Person pro Familie für den notwendigen Einkauf die Wohnung oder das Haus verlassen).

Als klar war, dass sich die Lockdown-Situation nicht so schnell ändern würde, packten wir wieder ein und fuhren nach nur einem Monat in Spanien wieder nach Österreich zurück. Unsere Wohnräume hatten noch gar nicht die Chance gehabt, Staub anzusetzen. Ich war enttäuscht und frustriert. All meine Pläne waren von einer Pandemie durchkreuzt worden, mit der niemand gerechnet hatte, all das angesparte Geld war weg, denn all das, was im Voraus bezahlt werden hatte müssen, wurde – wenn überhaupt – nur teilweise rückerstattet. Zunächst wurden noch Gutschriften ausgestellt, doch dann gingen viele kleine Unternehmen in Spanien in Konkurs und so sah ich das Geld großteils nie wieder. Auch alle bereits gebuchten Flüge rund um meine Aufträge, die vorausbezahlte Miete für unsere Unterkunft in Valencia und die schon gekauften Tickets für diverse Festivals in Verbindung mit meiner Tanztrainerausbildung – das ganze Geld dafür war eine Investition in die Zukunft gewesen, die so nun nicht stattfinden würde. Mein ehemaliger Arbeitgeber bekam das mit und bot mir meinen alten Job wieder an. Ich nahm an und trauerte um meinen verlorenen Traum. Doch zwei Wochen später begann ich, nach neuen Wegen zu suchen, die Selbstständigkeit doch noch zu starten, und zwar diesmal nebenberuflich. Ich fragte mich: „Was könnte ich abgesehen vom Projektmanagement noch anbieten? Wofür gibt es Interesse und Nachfrage?" Als Konsequenz der Beantwortung dieser Fragen meldete ich schließlich ein Gewerbe als Unternehmensberaterin an und bot damit neben meinem Knowhow als Projektmanagerin auch Zeitmanagementtrainings an. In diesem Bereich hatte ich viel Expertise aufgebaut, seit ich mich vor Jahren so überarbeitet hatte, dass ich im Krankenhaus gelandet war.

Im ersten Jahr steckte ich unheimlich viel Zeit, Energie und auch Geld in mein neues Business. Das Ergebnis war bescheiden. Doch im zweiten Jahr hatte ich bereits viel dazugelernt, die ersten größeren Aufträge kamen herein und Ende des Jahres konnte ich meinen Angestelltenjob erneut kündigen. Heute bin ich Unternehmerin, weil ich ein Ziel hatte – nämlich selbstständig zu arbeiten. Und das hat mir geholfen, Entscheidungen zu treffen und meine Angelegenheiten richtig zu priorisieren. So konnte ich meine Zeit effizient einteilen, um berufliche Herausforderungen, das Familienleben und auch meine Pausen miteinander in Einklang zu bringen.

Notes

1. Laut J. Naftulin berühren wir unsere Smartphones durchschnittlich 2617-mal am Tag: Naftulin, J. (2016, July 13). Here's how many times we touch our phones every day. *Business Insider.* https://www.businessinsider.com/dscout-research-people-touch-cell-phones-2617-times-a-day-2016-7 Zuletzt abgerufen am 06. Februar 2025.
2. Forschungen von Prof. E. Miller zeigen konkret in seinem Vortrag, wie sich Multitasking auf unser Gehirn auswirkt: Miller, E. (2017, April 11). Multitasking: Why your brain can't do it and what you should do about it. *MIT Radius.* https://radius.mit.edu/programs/multitasking-why-your-brain-cant-do-it-and-what-you-should-do-about-it Zuletzt abgerufen am 06. Februar 2025.

    Zu den Folgen des Multitaskings gibt es auch Untersuchungen im deutschen Sprachraum: Baethge, A. & Rigotti, T. (2010). Arbeitsunterbrechungen und Multitasking. Ein umfassender Überblick zu Theorien und Empirie unter besonderer Berücksichtigung von Altersdifferenzen. *Bundesanstalt für Arbeitsschutz und Arbeitsmedizin.* https://www.baua.de/DE/Angebote/Publikationen/Berichte/F2220 Zuletzt abgerufen am 31. Januar 2025.
3. Der Switch-Cost-Effekt ist in der Literatur gut vertreten: Rogers, R. D. & Monsell, S. (1995). Costs of a predictable switch between simple cognitive tasks. *Journal of Experimental Psychology: General,* 124*(2), S. 207–231. https://psycnet.apa.org/record/1995-31890-001 Zuletzt abgerufen am 02. Februar 2025.

4. Kollegestudenten wechseln ihre Tätigkeit durchschnittlich alle 19 s, zeigt eine Untersuchung von Yeykelis, L., Cummings, J. J. & Reeves, B. (2014). Multitasking on a single device: Arousal and the frequency, anticipation, and prediction of switching between media content on a computer. *Journal of Communication*, 64(1), S. 167–192. https://academic.oup.com/joc/article-abstract/64/1/167/4085996 Zuletzt abgerufen am 27. Januar 2025.
5. Eine Studie mit Büroangestellten zeigt, dass sie alle drei Minuten ihre E-Mails checken: MacKay, J. The myth of multitasking: The ultimate guide to getting more done by doing less. *RescueTime*. https://blog.rescuetime.com/multitasking/ Zuletzt besucht: 06.02.2025.
6. Der Anteil der Menschen, die zum Vergnügen lesen, hat sich in den USA zwischen 2004 und 2017 drastisch vermindert: Ingraham, C. (2018, June 29). Leisure reading in the U.S. is at an all-time low. *The Washington Post*. https://www.washingtonpost.com/news/wonk/wp/2018/06/29/leisure-reading-in-the-u-s-is-at-an-all-time-low/ Zuletzt abgerufen am 30.01.2025.

   Fast ein Viertel der amerikanischen Erwachsenen liest das ganze Jahr kein einziges Buch: Gelles-Watnick, R. & Perrin, A. (2021, September 21). Who doesn't read books in America? *Pew Research Center*. https://www.pewresearch.org/short-reads/2021/09/21/who-doesnt-read-books-in-america Zuletzt abgerufen am 06. Februar 2025.
7. Auch in Deutschland wurde 2022 im Vergleich weniger gelesen als noch zehn Jahre davor. Das hat die Zeitverwendungserhebung des Statistischen Bundesamts ergeben: Statistisches Bundesamt. (2022). *Wo bleibt die Zeit? Ergebnisse zur Zeitverwendung in Deutschland 2022* https://www.destatis.de/DE/Themen/Gesellschaft-Umwelt/Einkommen-Konsum-ebensbedingungen/Zeitverwendung/Ergebnisse/_inhalt.html Zuletzt besucht: 01. Februar 2025.
8. FOMO – Fear of missing out wird gut beschrieben durch Kozodoy, P. (2017, 9. Oktober). The inventor of FOMO is warning leaders about a new, more dangerous threat. *Inc.* https://www.inc.com/peter-kozodoy/inventor-of-fomo-is-warning-leaders-about-a-new-more-dangerous-threat.html Zuletzt abgerufen am 01.Februar 2025.

Literatur

Baethge, A., & Rigotti, T. (2010). *Arbeitsunterbrechungen und Multitasking. Ein umfassender Überblick zu Theorien und Empirie unter besonderer Berücksichtigung von Altersdifferenzen*. Bundesanstalt für Arbeitsschutz und Arbeitsmedizin. https://www.baua.de/DE/Angebote/Publikationen/Berichte/F2220. Zugegriffen am 31.01.2025.

Gelles-Watnick, R., & Perrin, A. (2021, September 21). *Who doesn't read books in America?* Pew Research Center. https://www.pewresearch.org/short-reads/2021/09/21/who-doesnt-read-books-in-america. Zugegriffen am 06.02.2025.

Ingraham, C. (2018, June 29). Leisure reading in the U.S. is at an all-time low. *The Washington Post*. https://www.washingtonpost.com/news/wonk/wp/2018/06/29/leisure-reading-in-the-u-s-is-at-an-all-time-low/. Zugegriffen am 30.01.2025.

Kozodoy, P. (2017, Oktober 09). The inventor of FOMO is warning leaders about a new, more dangerous threat. *Inc*. https://www.inc.com/peter-kozodoy/inventor-of-fomo-is-warning-leaders-about-a-new-more-dangerous-threat.html. Zugegriffen am 01.02.2025.

MacKay, J. (o.J.). The myth of multitasking: The ultimate guide to getting more done by doing less. *RescueTime*. https://blog.rescuetime.com/multitasking/. Zugegriffen am 06.02.2025.

Miller, E. (2017, April 11). Multitasking: Why your brain can't do it and what you should do about it. *MIT Radius*. https://radius.mit.edu/programs/multitasking-why-your-brain-cant-do-it-and-what-you-should-do-about-it. Zugegriffen am 06.02.2025.

Naftulin, J. (2016, Juli 13). Here's how many times we touch our phones every day. *Business Insider*. https://www.businessinsider.com/dscout-research-people-touch-cell-phones-2617-times-a-day-2016-7. Zugegriffen am 06.02.2025.

Rogers, R. D., & Monsell, S. (1995). Costs of a predictable switch between simple cognitive tasks. *Journal of Experimental Psychology General, 124*(2), 207–231. https://psycnet.apa.org/record/1995-31890-001. Zugegriffen am 02.02.2025.

Statistisches Bundesamt. (2022). *Wo bleibt die Zeit? Ergebnisse zur Zeitverwendung in Deutschland 2022*. https://www.destatis.de/DE/Themen/Gesellschaft-Umwelt/Einkommen-Konsum-Lebensbedingungen/Zeitverwendung/Ergebnisse/_inhalt.html. Zugegriffen am 01.02.2025.

Yeykelis, L., Cummings, J. J., & Reeves, B. (2014). Multitasking on a single device: Arousal and the frequency, anticipation, and prediction of switching between media content on a computer. *Journal of Communication, 64*(1), 167–192. https://academic.oup.com/joc/article-abstract/64/1/167/4085996. Zugegriffen am 27.01.2025.

Teil II

Planen

„Gib mir sechs Stunden Zeit,
um einen Baum zu fällen,
und ich verbringe die ersten vier damit,
die Axt zu schärfen."
Abraham Lincoln

6

Planen

Zusammenfassung Gute Planung bringt Struktur in den Alltag und sorgt dafür, dass deine wichtigsten Vorhaben wirklich Platz finden. Wer seine Zeit nicht selbst einteilt, lässt sie von anderen verplanen – und füllt die Tage mit Dringlichem statt mit Wichtigem. Wochenplanung, Fokuszeiten und hilfreiche Gewohnheiten helfen dir, dranzubleiben und Ziele Schritt für Schritt umzusetzen. Planung ist keine Einschränkung, sondern schafft Raum für Freiheit. Du sitzt am Steuer und entscheidest bewusst, was dir wichtig ist. Es geht nicht darum, jede Minute zu verplanen, sondern mit klarem Blick das Wesentliche zuerst zu tun – und dein Leben aktiv zu gestalten.

6.1 Plane deine Zeit, sonst wird sie von anderen verplant!

Egal wie produktiv du bist – du wirst nie alles schaffen, was du dir vorgenommen hast. Dafür sind die meisten To-do-Listen einfach zu lang. Deshalb musst du dich entscheiden, womit du deine Zeit verbringen willst. Das haben wir im ersten Teil ausreichend behandelt. Hast du das Wichtigste in deinem Leben inzwischen priorisiert?

Stell dir vor, deine Woche ist ein leeres Glas, du hast Steine, Kies und Sand und all das soll in dein Glas hinein. Wenn du zuerst den Sand und dann den Kies einfüllst, werden die Steine keinen Platz mehr haben, siehe Abb. 6.1.

Was hat das mit deiner Zeit zu tun? Die Steine sind die wichtigsten Dinge im Leben. Der Kies steht für die vielen Aufgaben, die uns tagtäglich umgeben: das Auto zur Überprüfung bringen, einkaufen gehen, ein Geschenk für Omas Geburtstag besorgen etc. Die Sandkörner sind all die unwichtigen, manchmal sogar sinnlose Tätigkeiten, die uns unsere Zeit stehlen: durch Social Media scrollen, fernsehen, Leute treffen, die wir eigentlich nicht mögen, „Ja" zu Dingen sagen, die wir gar nicht machen wollen …

Meistens füllen wir zuerst den Sand in das Glas. Warum? Einfach aus Gewohnheit. Ein Smalltalk in der Kaffeeküche mit einem Kollegen, den wir nicht mal mögen oder nur kurz auf das Handy sehen, aber dann 30 min auf einer Social-Media-Plattform surfen zählen hier genauso dazu wie das stundenlange Fernsehen. Nun spricht nichts dagegen, sich mit Leuten zu unterhalten, auf Social Media zu scrollen oder sich einen Film anzusehen – wenn du dich bewusst dafür entscheidest. Doch wenn du

Abb. 6.1 Mit einer guten Wochenplanung bringst du deine Steine zuerst unter. (© Blanka Vötsch. All rights reserved)

dich ständig fragst: „Wo ist die Zeit nur hingekommen?", dann solltest du mal genau unter die Lupe nehmen, wie viel Sand sich in deinem Glas befindet.

Nachdem der Sand seinen Weg ins Glas gefunden hat, kommt der Kiesel dran. Denn: „Ich muss ja Winterreifen kaufen", „Ich muss ein Weihnachtsgeschenk für meine Mutter aussuchen", „Ich muss in der Schule anrufen", „Ich muss die Rosen im Garten zurückschneiden". Klar, es gibt viele Aufgaben, die wir erledigen sollten. Die Frage ist nur, ob sie alle gleich wichtig und gleich dringend sind. Leider stellen sich diese Frage viel zu wenige Menschen. Doch nicht alles von deiner To-do-Liste kann erledigt werden. Mit dem Kiesel ist das Glas nun schon ziemlich voll. Jetzt passen meistens leider auch keine Steine mehr rein. Das führt uns zu einer unbequemen Wahrheit: Wir neigen dazu, uns auf die kleinen Dinge zu konzentrieren, in der Hoffnung, dass irgendwann von selbst Platz für das Wesentliche entsteht. Wir hoffen, später mehr Zeit zu haben für diese eine wichtige Sache, die wir tun wollten – dass wir nächstes Jahr weniger Arbeit und mehr Zeit mit den Kindern haben werden. Doch in Wahrheit, wenn wir wirklich ehrlich mit uns selbst sind, wissen wir, dass es nicht so sein wird. Entscheiden wir uns nicht bewusst dafür, uns Zeit für die wichtigsten Dinge in unserem Leben zu nehmen, dann wird es einfach nicht dazu kommen. Und so hart es auch klingt: Deine Kinder wollen sehr wahrscheinlich nicht mehr LEGO mit dir spielen, wenn sie 25 sind – nur weil du dann nachholen willst, was du versäumt hast, als sie fünf Jahre alt waren.

Deshalb solltest du die komplette Woche planen, nicht nur die Tage. Denn wenn du eine ganze Woche vor Augen hast, bringst du deine Steine eher unter. Wenn du allerdings nur einen einzelnen Tag betrachtest, bist du gefährdet, deine Zeit mit Sand zu füllen. Ich empfehle dir daher, deine aktuelle Woche immer damit abzuschließen, die nächste zu planen. Ich mache das immer am Freitagnachmittag. So kann ich mich am Wochenende entspannen, denn ich weiß, dass alles Wichtige eingeplant ist.

Ich bin davon überzeugt, dass ein glückliches Leben davon abhängt, wie wir unsere Zeit nutzen und unseren Alltag gestalten. Wenn du ein erfülltes Leben haben möchtest, dann fokussiere dich auf das, was dir wirklich wichtig ist, und plane deine Zeit genau dafür ein. Ob es Zeit für die Familie, für deine persönlichen Projekte oder für Hobbys ist – die großen

Steine kommen zuerst ins Glas. Was dann keinen Platz mehr hat, ist meist weniger bedeutend und darf auch getrost außen vor bleiben.

Überlegst du schon, welche Steine du in dein Glas legen willst? Wie viele kommen dir auf Anhieb in den Sinn?

„Da war die Weltreise, die ich gern machen würde, das Traumhaus bauen und Gitarre spielen lernen. Und mehr Sport wollte ich auch machen. Dann sollte ich noch mehr Zeit für die Kinder reservieren, öfter mit dem Hund gehen – und einen japanischen Garten wollte ich auch anlegen. Ach ja, meine Tante in Irland könnten wir im Sommer auch besuchen." Die Liste kann sehr lang werden. Wir haben so viel vor in unserem Leben, haben so viele tolle Ideen! Was wir alles umsetzen könnten, ist unglaublich! Die Begeisterung ist da: „Kann ich meine Steine jetzt endlich ins Glas legen?" Ja, aber bitte nicht alle auf einmal! Denn das Glas ist nicht größer geworden. Eine Woche hat nur sieben Tage. Immer noch. Die Frage ist also, für welche Steine du dich zuerst entscheidest. Ich empfehle dir, an maximal drei größeren Vorhaben auf einmal zu arbeiten. Denn du erinnerst dich sicher, was du im letzten Teil über die Prioritäten gelesen hast: Je klarer du deinen Fokus bündelst, desto besser kommst du voran. Der Schlüssel liegt darin, dich auf das Wesentliche zu konzentrieren und klare Prioritäten zu setzen. Eine ewig lange To-do-Liste führt nur dazu, dass du dich verzettelst. Wenn du dich stattdessen auf maximal drei größere Vorhaben konzentrierst, kommst du schneller und effektiver voran.

6.2 Was ist eigentlich Stress?

Stress ist ein ständiger Begleiter in unserem Leben geworden.

Immer haben wir es eilig, selbst in der Freizeit, zeigt eine Erhebung der World Health Organization aus dem Jahr 2023.[1] Es sieht fast so aus, als wäre es in, gestresst zu sein. Doch was ist Stress eigentlich? Um diese Frage zu beantworten, müssen wir einen Blick auf die biologischen Wurzeln von Stress werfen: Stress ist eine fundamentale Reaktion unseres Körpers, eine evolutionäre Antwort auf gefährliche oder herausfordernde Situationen(Heinrichs et al., 2015).[2] In der heutigen Zeit, in der wir gewöhnlich nicht mehr vor wilden Tieren flüchten müssen, hat sich die

Natur dieser Stressreaktion zwar nicht verändert, aber ihre Erscheinungsform hat sich drastisch gewandelt. Vor langer Zeit war Stress eine lebensnotwendige Reaktion. Unsere Vorfahren sahen sich regelmäßig Bedrohungen ausgesetzt – sei es in Form von Raubtieren, Naturkatastrophen oder Angriffen durch andere Menschen. In solchen Momenten trat der „Kampf oder Flucht"-Modus in Kraft. Dieser Mechanismus setzt eine Flut von Stresshormonen wie Adrenalin und Cortisol frei, die den Körper vorbereitet – entweder darauf, gegen die Bedrohung zu kämpfen oder darauf, ihr zu entkommen, also zu flüchten. Vor diesem Hintergrund betrachtet, war Stress eine Überlebensstrategie, die den Menschen half, in gefährlichen Situationen zu überleben. Er ermöglichte die Mobilisierung von Energie und erhöhte die Aufmerksamkeit, um die Bedrohung bewältigen zu können. War die Gefahr vorbei, kehrte der Körper in seinen normalen Zustand zurück, indem die Stresshormone wieder abgebaut wurden. In der wilden Natur ist es genauso: Eine Gazelle, die vor 30 min von einer Raubkatze verfolgt wurde, grast nach ihrer erfolgreichen Flucht wieder seelenruhig. Doch den Menschen gelingt es heutzutage immer weniger gut, einer Stresssituation zu entkommen. Warum? Heute sind die Bedrohungen, denen wir begegnen, selten physischer Natur. Stattdessen sind sie oft psychosozial, wie etwa im Fall von beruflichem Druck, finanziellen Belastungen, Zeitdruck, sozialen Konflikten etc. Trotzdem reagiert unser Körper auf diese Stressoren immer noch auf die gleiche Weise wie früher: indem er Stresshormone freisetzt. Das Problem dabei liegt darin, dass wir in der modernen Gesellschaft von einer Stresssituation in die andere rutschen. Wir sind chronischem Stress ausgesetzt. Der Körper wird also ständig von Stresshormonen überflutet und kann sie nicht in den Entspannungsphasen abbauen, weil es häufig einfach gar keine Entspannungsphase gibt. Unsere Körper sind aber nicht darauf ausgelegt, über einen längeren Zeitraum hinweg auf Hochtouren zu laufen. Wenn wir Stresshormonen ständig ausgesetzt sind, kann das zu schwerwiegenden physischen und psychischen Gesundheitsproblemen führen: Auf physischer Ebene kann Stress das Immunsystem schwächen, den Blutdruck sowie das Risiko von Herzkrankheiten und Diabetes erhöhen und den Verdauungstrakt stören. Psychisch kann chronischer Stress zu Angstzuständen, Schlafstörungen und Depressionen führen (Nagel & Petermann, 2019).[3] Chronischer Stress beeinflusst auch unser Verhalten und unsere Beziehungen. Menschen, die unter dauerhaftem Stress stehen, neigen dazu, schlechtere Entscheidungen zu treffen, ungesunde Bewältigungsmechanismen wie übermäßigen Alkoholkonsum oder ungesunde Ernährung zu entwickeln, und sie haben häufiger Probleme in ihren zwischenmenschlichen Beziehungen. Die Liste der Probleme ließe sich noch fortführen – das trägt aber nicht zur Lösung bei. Deswegen sehen wir uns an, inwiefern Zeit mit Stress zu tun hat.

6.3 Wie Zeit Stress erzeugt

Heutzutage sind wir also nicht gestresst, weil uns ein Säbelzahntiger verfolgt, sondern der nächste Abgabetermin, siehe Abb. 6.2.

Viel Arbeit alleine erzeugt noch keinen Stress. Wir sind nicht gestresst, wenn wir viel zu tun haben. Stress kommt auf, wenn wir das Gefühl haben, für die Aufgaben, die wir erledigen sollten, zu wenig Zeit zu haben. Erst der Zeitdruck erzeugt Stress. Das ist wichtig zu verstehen. Der Drang, die eigenen To-dos abzuarbeiten, alles zeitgerecht erledigen zu müssen – das stresst uns. Warum ist das heute anders als früher? Menschen arbeiten doch immer schon – und früher war das Arbeitsleben

Abb. 6.2 Gleicher Stress, anderes Kostüm. Was einst der Tiger war, ist heute die Deadline. (© Blanka Vötsch. All rights reserved)

sogar viel härter als heute. Denken wir nur an die mühsame Bearbeitung eines Ackers noch vor 100 Jahren! Da erscheint ein Bürojob heute wie Urlaub!

Der Unterschied: Früher hatten die Bauern viel Arbeit, aber sie hatten selten Stress. Denn sie wollten oder mussten nicht möglichst schnell fertig werden. Was hätte das für einen Zweck gehabt? Die Kühe mussten immer wieder gemolken werden und konnten nicht für eine ganze Woche vorgemolken werden. Die Ernte war einzubringen, wenn sie so weit war. Es gab folglich einen gewissen Rhythmus im Einklang mit der Natur. Natürlich haben Landwirte viel gearbeitet, doch nicht getrieben von der Zeit, sondern im Einklang mit ihr. Heute ist es anders: Wir verspüren häufig Zeitdruck. Dieser Druck kommt einerseits aus dem Job, als Folge von Fristen und wegen zu vieler paralleler Projekte, und anderseits aus dem Privatleben. Privat herrscht mittlerweile genauso viel Stress: Wir wollen Beziehungen, Hobbys, Sport und Selbstverwirklichung in die wenigen freien Stunden hineinpressen, und dann sollten wir auch noch Projekte wie den anstehenden Umzug meistern: „Die Wohnung muss bis zum Monatsletzten übergeben werden, wir können die neue aber erst einen Tag später beziehen. Wie sollen wir das schaffen?" Und häufig machen wir uns das Leben schwer, indem wir uns selbst unter Druck setzen und zu oft auf die Uhr schauen.

Mir ist es klar, dass sich die Kinder beim Frühstück nicht ewig Zeit lassen können, weil sie sonst zu spät in die Schule kommen. Ich weiß auch, dass wir uns an gewisse Termine zu halten haben. Es gibt jedoch immer die Möglichkeit, sich dennoch nicht stressen zu lassen. Ich sitze zum Beispiel gerade am Flughafen Schiphol in Amsterdam und arbeite, während ich darauf warte, dass das Boarding endlich losgeht. Der Abflug hat sich um eine halbe Stunde verspätet und es wird wohl wieder ein Sprint am Frankfurter Flughafen nötig sein, um den Anschlussflug nach Graz zu erwischen. Den ersten Termin kann ich nicht beeinflussen, doch wenn ich jetzt die Zeit für die Arbeit nutze, statt mir Sorgen zu machen, dann werde ich die nächsten beruflichen Deadlines problemlos schaffen. Ob ich heute noch in Graz landen werde oder nicht, kann ich hingegen nicht beeinflussen. Wenn ich den Anschlussflug verpasse, kann ich gar nichts dagegen tun. In diesem Fall werde ich mich in die Schlange stellen, einen Gutschein für eine Übernachtung bekommen, hoffentlich nicht zu lange mit dem Taxi zum Hotel unterwegs sein und morgen in aller Früh aufstehen, um (hoffentlich) mit dem ersten Flug nach Graz zu kommen. Und wenn ich Glück habe, geht sich mein Zahnarzttermin um 10:00 Uhr noch aus. Viele Wenns, Vielleichts und „Wenn alles gut geht"-Formulierungen.

Mittlerweile bin ich seelenruhig beim Reisen. Denn es ergibt für mich überhaupt keinen Sinn, mich über etwas aufzuregen, das ich nicht ändern kann. Wenn es um die Zeit geht, können wir äußere Umstände nicht beeinflussen. Im Straßenverkehr kannst du früher losfahren, um möglichst nicht im Stau zu landen. Doch wenn es trotzdem passiert, dass ein Stau entsteht, hilft es nichts, wenn du dich darüber aufregst, dich somit in eine Stresssituation manövrierst und dazu beiträgst, deinen Körper mit Stresshormonen zu überfluten.

Das hört sich vielleicht oberschlau an, aber es ist nun einmal so: Es wird sich dadurch gar nichts ändern. Daher kann ich hier in aller Ruhe sitzen und schreiben, lesen, Musik hören oder einfach nur die Leute beobachten. Seltsamerweise tun das Menschen im Urlaub gerne: einen Kaffee trinken und dem Treiben auf der Straße zusehen. Doch wenn sie auf etwas warten müssen, tun sie all das nicht. Sie gehen stattdessen nervös auf und ab und tippen auf die Uhr. Worin liegt der Unterschied zwischen diesen beiden Situationen und ihren Reaktionen darauf? Er liegt in den Erwartungen, in den Plänen. Für den Urlaub war genau das geplant, für die Geschäftsreise nicht. Daher entspannt uns die gleiche Situation im ersten Fall, im zweiten Fall macht sie uns nervös. Das ist eine äußerst interessante Fähigkeit von uns Menschen: Wir reagieren situationsspezifisch. Und genau das ist der Schlüssel zum Stress oder eben zu weniger Stress: Wenn wir es schaffen, den zeitlichen Druck zu hinterfragen und uns bewusst dagegen entscheiden, uns selbst zu stressen, wird sich unser Leben in allen Lebensbereichen entschieden ändern.

6.4 Lenke deinen Fokus mit guter Planung

In einer Welt voller Ablenkungen ist es oft schwer, sich auf das Wesentliche zu konzentrieren. Doch genau darin liegt der Schlüssel für ein stressfreies und auch erfolgreiches Leben: in der Fähigkeit, fokussiert zu arbeiten.

Die Geschichte von Bill Gates und der Entstehung von Microsoft wurde schon oft erzählt – nicht umsonst, denn sie zeigt eindrucksvoll, was passieren kann, wenn man das mit dem Fokus beherrscht: Gates erkannte 1974 das Potenzial des ersten Personal Computers und arbeitete in einem Zeitraum von nur acht Wochen mit unerschütterlicher Konzentration an einer Softwarelösung, die schließlich Microsoft auf den Weg brachte. Seine Fähigkeit, sich trotz extremer Belastungen voll auf die Arbeit zu konzentrieren, war der Motor hinter diesem Erfolg. Natürlich ist das ein extremes Beispiel, denn Gates schlief sprichwörtlich mitten in der Arbeit auf der Tastatur ein, um nach ein paar Stunden Schlaf wieder in die Tasten zu klopfen.

Das ist ein extremes Beispiel dafür, wie Gates eine Priorität gesetzt und seine Zeit ausschließlich dieser einer Sache gewidmet hat. Daran erkennst du, wie viel möglich ist, wenn du an der Verteilung deiner Steine arbeitest. Es geht nicht darum, 24/7 zu arbeiten. Doch konzentriertes Arbeiten für eine gewisse Zeitspanne – zum Beispiel für zwei Stunden – ist der Schlüssel, um in kurzer Zeit viel zu erreichen.

» Fokus ist alles.

Fokussierung entsteht nicht zufällig – sie erfordert Planung. In diesem Kapitel geht es deshalb darum, wie du deinen Fokus mit einer klaren Strategie gezielt lenkst und dadurch effektiver arbeitest, um große Ziele ohne ständige Nacht- und Wochenendschichten zu erreichen.

Das Phänomen rund um den Fokus, also der Zustand höchster ablenkungsfreier Konzentration, wird auch Deep Work genannt. Cal Newport, Informatiker und Autor, hat diesen Begriff 2016 in seinem gleichnamigen Buch ausführlich beschrieben: Wie unser Gehirn vollkommen fokussiert mit maximalem Potenzial arbeitet und wie wir diesen Zustand von Deep Work erreichen können (Newport, 2017).[4] Fokus erlebt in den vergangenen Jahren einen Hype in Form von vielfacher Thematisierung in Büchern und Diskussionen. Das ist wahrscheinlich gerade deswegen der Fall, weil er uns immer mehr abhandenkommt. Die meisten von uns sind mit dem eigenen Handy verwachsen und lassen sich sehr schnell ablenken. Das passiert nicht nur bei der Arbeit, sondern auch, wenn wir Zeit mit unseren Liebsten verbringen oder entspannen wollen. Ehrlicherweise bin ich davor auch nicht gefeit. Doch konzentriertes Arbeiten kann man trainieren und die besten Voraussetzungen dafür schaffen. Ich habe das bereits in meiner Jugend auf die Spitze getrieben. Da gab es zwar noch keine Bücher darüber (zumindest kannte ich die nicht), aber eben auch noch keine Smartphones, und ich lebte alleine – ohne Fernseher oder sonstige Ablenkungen. Damals habe ich mir in den Kopf gesetzt, die letzten zwei Jahre des Gymnasiums in einem Jahr samt Matura zu erledigen, weil mir das andernfalls zu lang gedauert hätte. Warum die Eile? Nun, dazu muss ich dir ein bisschen von mir erzählen: Meine Eltern trennten sich, als ich sieben war. Ich wuchs bei meinem Vater auf, weil meine Eltern das so entschieden haben. Wir hatten wenig Geld, denn er hatte zwar ein gutes Herz, aber leider war er alkoholkrank. Der Alltag war nicht immer einfach, ich musste schon früh viel Verantwortung übernehmen. Mit 14 bekam ich die Möglichkeit, ein Austauschjahr in einer Schule in Österreich zu absolvieren (ich stamme aus Ungarn). Das war großartig und dieses Jahr zeigte mir völlig neue Perspektiven auf. Ich lebte zum ersten Mal in geregelten Verhältnisse und erfuhr, wie schön es ist, gemeinsam am Esstisch zu sitzen und ausgiebige Gespräche zu führen – und all die scheinbar normalen Dinge, die Kinder und Jugendliche genießen, wenn sie aus einer intakten Familie kommen. Ich bekam in Österreich sozusagen Zieheltern. Nach dem Austauschjahr hatte ich deshalb ein klares Ziel: so schnell wie möglich zu maturieren und auszuwandern, und zwar nach Österreich, wo mich meine Ziehfamilie erwarten und bei einem Neuanfang unterstützen würde. Als ich nach Ungarn zurückkehrte, konnte ich nicht mehr bei meinem Vater wohnen. Ich lebte folglich ein halbes Jahr bei meinem zehn Jahre älteren Bruder und im Anschluss genauso lang bei der Familie einer Freundin. Danach bekam ich einen Platz in einem Studentenheim – Dank der Intervention vonseiten meiner Schule sogar kostenlos. So konnte ich mich mit Nebenjobs und mit der finanziellen Unterstützung meiner Zieheltern gerade über Wasser halten. Das klingt vielleicht schlimm – für mich war das aber eine prägende, lehrreiche Zeit. Und das war der Grund, warum ich nicht nochmal ein Jahr länger warten wollte, um die Matura zu machen. Glücklicherweise bekam ich nach einem Gespräch mit dem Direktor auch tatsächlich die Erlaubnis, dem Unterricht fernzubleiben und die Prüfungen als Privatschülerin abzulegen.

So entwarf ich intuitiv einen Plan, der meine Tage gut strukturierte: Ich stand um 6:00 Uhr auf, machte rund 30 min lang Sport, bereitete mir danach ein Frühstück zu und ging dann ins Gymnasium. Während der Unterrichtszeiten (von etwa 8:00 bis 14:00 Uhr) lernte ich in der Bibliothek in völliger Ruhe. Wenn die Klingel ertönte, verbrachte ich die Pause mit meinen Schulkameraden und danach lernte ich weiter. Weil ich vor Ort war, konnte ich in den Pausen auch die Professoren fragen, wenn ich etwas nicht verstand. Nach der Schule ging ich nach Hause, kochte, aß und lernte bis 17:00 oder 18:00 Uhr. Danach ging es zum Training: zweimal pro Woche zum Tanzen, dreimal zum Boxen. Danach traf ich Freunde und wir redeten über Gott und die Welt – wie das alle Jugendlichen tun. Am Freitag ging ich nach dem Training kellnern, um ein wenig Geld zu verdienen. Am Samstag und Sonntag schlief ich bis 9:00 Uhr, machte meinen Morgensport, lernte vier Stunden und am Abend hatte ich frei, konnte also tun, was immer ich wollte, und ging deshalb öfter mit Freunden aus. So sahen meine Wochen aus und das für knapp sechs Monate. Ich lernte jeweils für einen Bereich und machte dann die Prüfung für die vorletzte Schulstufe. Im zweiten Semester stieg ich in die nächsthöhere Klasse ein, war wieder im normalen Schulbetrieb dabei, und maturierte schließlich regulär mit den anderen. Das ist eine coole Erfahrung gewesen – eine herausfordernde, aber aufregende Zeit. Und das Beste daran war: Ich fühlte mich nie überlastet oder ausgelaugt. Es lief alles wunderbar. Stress hatte ich nur vor den Prüfungen – aber wer war da nicht nervös?

Was mir damals nicht bewusst war: Die gute Struktur half mir enorm, mein Ziel zu erreichen, indem ich meine Zeit gut einteilte. Diese Strukturiertheit behielt ich mein Leben lang bei: Ich studierte zweimal neben einer Vollzeitbeschäftigung, baute meine Selbstständigkeit zunächst als Angestellte mit zwei Kindern auf.

Mit den Jahren wurde es immer anspruchsvoller, meinen Fokus zu halten. Warum? Weil mein Leben sich ständig weiterentwickelte: Partnerschaft, Job, Uni, die erste Anstellung – und später mit den Kindern kamen völlig neue Prioritäten und eine andere Dynamik in meinen Alltag. Kinder und Homeoffice waren dabei die größten Veränderungen:

Vorher arbeitete ich allein im Büro, später musste ich Disziplin entwickeln, um mich trotz der neuen Geräuschkulisse und lebendigen Umgebung konzentrieren zu können. Gleichzeitig wurde die Zeit für ungestörtes Arbeiten knapper, weil ich bewusst Zeit für meine Familie einplanen wollte (und nach wie vor will). Mit der Digitalisierung nahmen außerdem die Ablenkungen zu: Ich gehöre noch zur Generation, die bis zu einem Alter von 30 ein Tastenhandy hatte – höchstens mal eine SMS kam herein. Das hat sich stark verändert, und ich weiß aus eigener Erfahrung, wie herausfordernd es sein kann, sich Zeiträume für konzentriertes Arbeiten zu schaffen – und sie dann auch einzuhalten.

Wie du siehst, kenne ich beide Seiten der Medaille: vollkommener Fokus und Konzentration auf eine Sache sowie die Herausforderung des Alltags mit all seinen Verpflichtungen, sich diesen Raum für Fokus überhaupt zu ermöglichen.

Johann Hari, ein britischer Journalist und Schriftsteller, hat 2023 in seinem Buch „Stolen Focus" (auf Deutsch „Abgelenkt") über ein Dutzend Untersuchungen und Studien angeführt, in denen gezeigt wurde, wie und wodurch unsere Fähigkeit der Aufmerksamkeit durch unsere heutige Lebensweise stark beeinträchtigt wird (Hari, 2022).[5] Ich will weder Social Media noch Netflix verteufeln, es geht hier nicht um eine moralische Debatte. Mir geht es darum, wie wir mit unserer Zeit so umgehen können, dass wir das, was wir erledigen wollen, in möglichst kurzer Zeit konzentriert erledigen und danach stressfrei unsere Freizeit genießen können. Genau das sehen wir uns deshalb hier an. Glaube mir, ich kenne die Herausforderungen des Alltags und auch mir passiert es, dass ich mich ablenken lasse und alles Mögliche mache und mich am Abend frage, was ich eigentlich den ganzen Tag lang getan habe. Gerade deswegen weiß ich von der Wichtigkeit der Fokuszeiten.

6.5 Fokuszeiten

Du erinnerst dich an die Steine im Glas? Sie stellen deine wichtigsten Projekte dar. Für diese wichtigen Vorhaben in deinem Leben musst du Zeit reservieren. Denn sonst wirst du sie einfach nicht angehen und umsetzen können. Um an einer Sache arbeiten zu können, musst du eine fixe

Zeit reservieren – am besten schriftlich in deinem Kalender. Ich nenne diese Termine Fokuszeiten. Fokuszeiten bieten dir die Möglichkeit, in kurzer Zeit konzentriert zu arbeiten und große Fortschritte zu machen. Daher sollten sie fixer Bestandteil jeder deiner Wochen sein (Lars, 2022; Montanuniversität Leoben, 2021; Allen, 2015).[6]

Wenn du dich fragst: „Wie soll ich noch etwas einplanen, wenn meine Wochen jetzt schon übervoll sind?", dann lass mich dir sagen: Das ist genau der Punkt. Es geht darum, in weniger Zeit mehr zu schaffen, indem du effizient arbeitest und dadurch mehr erreichst. So wirst du auch langfristig deine To-do-Liste in den Griff bekommen – vorausgesetzt, du füllst nicht immer noch mehr Steine nach, weil du jetzt ja effizienter bist und noch mehr an Projekten unterbekommen willst. Priorisiere zuerst – das ist die Voraussetzung für eine vernünftige Planung.

Wie genau sehen diese Fokuszeiten aus und wie gestaltest du sie am besten?

- Lege fest, an welcher Aufgabe du arbeiten möchtest.
- Plane dafür zwei Stunden ein und stelle sicher, dass du während dieser Zeit ungestört arbeiten kannst. Kommuniziere auch an dein Umfeld – im Büro oder zu Hause –, dass du jetzt für zwei Stunden nicht verfügbar bist.
- Eliminiere alle Ablenkungsquellen – am besten lässt du dein Handy in einem anderen Raum –, räume deinen Schreibtisch möglichst leer, schließe am Computer alle Apps, die du für deine anstehende Arbeit nicht benötigst, schließe die Kommunikationsplattformen wie Teams oder Slack oder stell deinen Status auf „Nicht stören"!
- Stell einen Timer auf 50 min und arbeite ausschließlich an dieser einen Sache, die du dir vorgenommen hast. Wenn der Timer abgelaufen ist und der Wecker klingelt, schreibe in ein paar Stichwörtern auf, wo du später weitermachen willst.
- Stell den Timer jetzt auf zehn Minuten und mache Pause: Steh auf, öffne das Fenster, bewege dich ein bisschen, trinke Wasser! Vermeide Gespräche und checke weder deine E-Mails noch dein Handy! In diesen zehn Minuten hat dein limbisches System die Möglichkeit, in deinem Gehirn Ordnung zu schaffen. Das kannst du dir so vorstellen, als wäre während der Arbeit dein Schreibtisch immer voller geworden. Jede

Information wurde auf ein Blatt Papier geschrieben und auf deinem Tisch abgelegt. In der Pause kann dein limbisches System diese Blätter in die passenden Mappen einordnen oder dort abheften, wo sie gut aufgehoben sind. Danach startest du wieder mit einem aufgeräumten Tisch. Die Informationen werden also verarbeitet, geordnet und du bist wieder aufnahmebereit. Das ist wichtig, denn es kann nur Neues entstehen, wenn dafür Raum geschaffen wird.
- Wenn der Wecker klingelt, machst du das Gleiche noch einmal: 50 min Arbeit, zehn Minuten Pause.

Damit hast du eine Fokuszeit geschaffen und sie auch gleich geschafft. Wenn du anfängst, mit Fokuszeiten zu arbeiten, empfehle ich dir, nur eine pro Woche einzuplanen. Am besten suchst du die Zeit für fokussiertes Arbeiten, wenn du am Freitag deine nächste Woche planst. Peilst du am Anfang zu viele Fokuszeiten an, läufst du Gefahr, sie dann nicht einzuhalten.

Wenn es dir am Anfang schwerfällt, dich an deine Fokuszeiten zu halten oder dich ganze 50 min zu konzentrieren, ist das normal. Wir sind es kaum noch gewohnt, ohne Unterbrechung zu arbeiten. Ganz im Gegenteil! Durchschnittlich alle drei Minuten wartet eine Unterbrechung auf uns. Sei geduldig mit dir! Denn es ist etwas Neues und braucht ein bisschen Übung. Du wirst sehen: Mit jedem Mal funktioniert das besser und du wirst erstaunt sein, wie viel du in zwei Stunden schaffen kannst – tatsächlich mehr als sonst an einem ganzen Tag, wenn du ständig unterbrochen wirst.

Überlege dir, wann du am besten Fokuszeiten in deine Wochenplanung integrieren kannst. Eine pro Woche ist ein guter Anfang. Langfristig hilft dir genau diese konzentrierte Arbeit, die To-dos im Zaum zu halten und weniger statt mehr zu arbeiten.

> **Tipps für eine gelungene Fokuszeit:**
> - Schaffe dir eine produktive Arbeitsumgebung! Finde heraus, wo und wie du am besten arbeiten kannst!
> - Räume deinen Schreibtisch vorher auf! Warum? Nicht relevante Unterlagen, Berge an Zeitschriften, Notizzetteln und Briefen lenken dich auch unbewusst ab.

- Informiere relevante Personen darüber, dass du in deiner Fokuszeit nicht gestört werden willst. Das gilt im Büro für die Kollegen genauso wie im Homeoffice für die Familie.
- Dein Handy lässt du am besten in einem anderen Raum. Alternativ kannst du es auf „Fokus-Modus" stellen. In diesem Modus kannst du festlegen, welche Telefonnummern (Schule etc.) trotzdem durchkommen.
- Nimm dir einen Krug mit Wasser zum Schreibtisch mit, denn wenn du zwischendurch in die Küche gehst, um dir ein Glas Wasser zu holen, ist die Wahrscheinlichkeit hoch, dass du in ein Gespräch verwickelt wirst oder dich anderweitig ablenken lässt.
- Sieh deine Fokuszeit als wichtig an! Verteidige diese Zeit, lerne dich abzugrenzen. Wenn du deine Ziele klar vor dir hast, dann weißt du auch, warum du zu etwas oder jemandem „nein" sagst – nämlich um zu deinen Zielen „ja" zu sagen.
- Sollten Schuldgefühle aufkommen, weil du eben mal für zwei Stunden nicht verfügbar bist, mach dir klar: Du bist weder im Beruf noch privat rund um die Uhr für alles zuständig! Wenn du in einem Meeting wärst, wärst du doch auch nicht verfügbar.
- Starte lieber mit nur einer Fokuszeit pro Woche, aber halte diese auch wirklich ein!

Wenn du diese Punkte einhältst, wird das deine Produktivität revolutionieren. Du wirst in einer Fokuszeit so viel schaffen wie sonst an einem ganzen Tag, wenn du ständig abgelenkt und unterbrochen wirst. Wenn du das aber von Anfang an nicht so radikal machst, wenn du doch andere Einladungen annimmst, wenn du dich doch ablenken lässt, dann bringt dir die Fokuszeit nichts.

Flow

Du hast vielleicht schon vom Flow-Zustand gelesen. Dabei handelt es sich um einen Zustand vollkommener Konzentration, als würden wir in einer zeitlosen Blase schweben. Die Uhr bleibt natürlich nicht stehen, aber wir hören sie nicht mehr ticken, denn wenn wir in einer Tätigkeit völlig aufgehen, scheint der Rest der Welt um uns herum zu verschwinden. Ich bin mir sicher, dass auch du diesen Zustand kennst. Einen Großteil unserer Kindheit verbrachten viele von uns im Flow: Wir waren so ins Spielen vertieft, dass wir uns selbst vergaßen und das Bewusstsein für die Umgebung verblasste. Die Zeit verging wie im Flug und wir waren überrascht, wie lange wir bereits mit etwas beschäftigt waren. Das kann ich heute auch an meinen Kindern beobachten: Wenn ich meine, es sei höchste Zeit, aus dem Wasser zu kommen, sagen sie meistens, dass sie erst seit fünf Minuten im Pool wären. Tatsächlich sind sie da oft schon seit einer Stunde im Wasser und haben bereits blaue Lippen. Ich kenne das aber auch von meiner Arbeit: Vor allem beim Recherchieren, Konzipieren und Schreiben kann ich jedes Gefühl für die Zeit verlieren. Ich verbringe meine Tage oft damit, Vorträge und Trainings zu entwerfen. Dafür muss ich mich in ein Thema einarbeiten, meine Gedanken strukturieren, ein Konzept entwerfen und dann die Details schriftlich ausarbeiten. Das ist ein Prozess, der Konzentration erfordert. Gerade deswegen arbeite ich mit Fokuszeiten und einem Wecker.

Zurück zur Wissenschaft: Der Flow-Zustand ist ein psychologisches Phänomen, bei dem eine Person vollständig in eine Aktivität eintaucht – so sehr, dass sie die Zeit vergisst und sich ganz auf die Aufgabe konzentriert. Während des Flows erlebt man ein hohes Maß an Fokus, Produktivität und Freude an der Tätigkeit. Das wird von den Betroffenen als höchst befriedigend und erfüllend beschrieben. Der Flow wurde vom ungarischen Psychologen Mihály Csíkszentmihályi in den 1970er-Jahren erforscht (Csikszentmihalyi, 1995).[7] Er studierte unter anderem Künstler und Sportler, um zu sehen, wie sie ihre Aufmerksamkeit völlig auf eine Sache richteten und in ihrer jeweiligen Tätigkeit ganz aufgingen. So fand er heraus, dass dieser Zustand dem der Trance ähnelt. Interessant an seinen Erkenntnissen war, dass es offensichtlich nicht um die Belohnung ging. Hobbysportler hatten oft anstrengende und auch gefährliche Dinge getan – einfach wegen der Freude an der Sache. Bis zu dieser Beobachtung ist man in der Psychologie davon ausgegangen, dass Menschen alles für eine Art Belohnung tun. Csíkszentmihályi hat das klar widerlegt. In seinen ersten Untersuchungen befragte er Menschen, die viel leisten, und zwar ohne dafür eine Belohnung zu erwarten, also die etwas tun um des Tuns willen: Musiker, Kletterer, Tänzer, Schachspieler. Er fragte nach dem Gefühl, das sie dabei empfinden. Wenn die Befragten ihre Gefühle beschrieben, die sie empfanden, während sie in eine bestimmte Aufgabe versunken waren, kam oft der Vergleich mit einem Flow – als wären sie von einem Fluss getragen worden. Daher kommt die Bezeichnung („Play And Intrinsic Rewards", 1975).[8]

Charakteristisch für diesen Zustand ist die außergewöhnlich hohe Konzentration auf die betreffende Aufgabe: Man denkt währenddessen an nichts anderes. Damit das eintreten kann, ist es notwendig, dass die Anforderungen der Aktivität mit den Fähigkeiten der Person im Einklang stehen. Wenn du komplett überfordert bist, wird einen das nämlich frustrieren oder verängstigen, aber nicht entspannten. Unterfordert einen die Aufgabe, langweilt man sich hingegen und die Gedanken beginnen zu wandern. Optimal ist also eine Herausforderung, aber keine Überforderung. Es ist ein hoch gestecktes Ziel, einen Großteil unserer Arbeitstage im Flow zu verbringen. Doch zumindest in den Fokuszeiten ist das durchaus möglich.

Die Forschungen zum Flow haben ergeben, dass Menschen diese Momente tiefster Konzentration, in denen sie sich in ihrem Schaffen verlieren und Zeit keine Rolle mehr spielt, als die schönsten in ihrem Leben empfinden. Dabei ist es unwesentlich, um welche Aufgabe es sich handelt. Den Flow können wir alle erleben, wenn wir etwas zielgerichtet und fokussiert tun.

6.6 Gewohnheiten schenken dir Zeit

Gewohnheiten sind gewisserweise wiederkehrende Pläne. Das Beispiel mit dem Zähneputzen ist zwar schon ein wenig überstrapaziert, es stimmt aber: Du hast nicht jeden Tag „Zähneputzen" auf deiner To-do-Liste stehen. Es ist eine Gewohnheit geworden, es passiert ohne viel Überlegung, mehr oder weniger automatisch und muss (nicht mehr) eingeplant werden.

Wie sieht es mit deinen Gewohnheiten aus? Hast du beispielsweise eine Morgenroutine? Wenn ich diese Frage stelle, dann sagen ganz viele sofort: „Nein, habe ich nicht. Ich will mich da gar nicht festlegen, das schränkt mich zu sehr ein." Dann frage ich weiter: „Okay, schauen wir uns einmal an, wie du deinen Tag für gewöhnlich startest. Wie läuft das normalerweise ab?" Da bekomme ich meistens etwas erzählt wie: „Na ja, ich stehe um 6:00 Uhr auf, gehe ins Bad und ziehe mich nach der Morgenpflege an. Danach trinke ich einen Kaffee und lese die Zeitung. Dann fahre ich in die Arbeit und auf dem Weg bleibe ich immer bei meinem Lieblingsbäcker stehen, hole mir dort ein Croissant und dann gehe ich in die Arbeit. Dort gehe in die Kaffeeküche, unterhalte mich ein bisschen mit den KollegInnen und um 9:00 Uhr herum gehe ich zum Computer und checke meine E-Mails."

Es gibt natürlich auch die andere Variante: „Ich drücke fünfmal auf die Snooze-Taste, weil ich nicht so gerne aufstehe. Dann springe ich aus dem Bett, laufe ins Bad, ziehe mich schnell an und renne zum Auto. Ich fahre in die Arbeit, hole mir dort den schlechten Kaffee aus der Küche und setze mich damit an den Computer."

An dieser Stelle kommt mein Feedback: „Jetzt sagst du auf der einen Seite, dass du keine Gewohnheiten hast. Auf der anderen Seite läuft es aber jeden Morgen ziemlich gleich ab. Du hast also doch eine Morgenroutine." Die Antwort darauf lautet meistens: „Hm, so habe ich es noch nie gesehen."

Unser Leben ist stark von Gewohnheiten geprägt, nur ist uns das oft nicht bewusst. Untersuchungen haben ergeben, dass bis zu 50 % aller täglichen Handlungen tatsächlich Gewohnheiten sind. Warum ist das so? Weil Gewohnheiten Energie sparen. Das heißt: Wir müssen uns nicht jedes Mal überlegen: „Stehe ich jetzt auf, weil der Wecker klingelt? Was mache ich nach dem Aufstehen als Erstes? Soll ich ins Bad gehen oder soll ich mich zuerst anziehen?"

Jede Entscheidung kostet Energie und deswegen wollen wir so wenige Entscheidungen wie möglich treffen. Gewohnheiten sind feste Routinen und automatisierte Handlungen, die wir im Laufe der Zeit entwickelt haben und die eben notwendige Entscheidungen reduzieren. Sie beeinflussen unser tägliches Handeln und unser Verhalten maßgeblich. Oft handeln wir unbewusst und folgen unseren Gewohnheiten, ohne groß darüber nachzudenken, denn mit Gewohnheiten funktionieren wir wie auf Autopilot. Vieles läuft immer gleich ab und das spart uns viel Energie.

Du hast also mehr Gewohnheiten, als du denkst, und diese beeinflussen dein Leben positiv oder negativ – je nachdem, ob sie dir guttun oder dir schaden: Wenn ich mich gesund ernähre, regelmäßig Sport treibe, viel in der Natur bin, meine Deadlines einhalte und somit wenig Stress habe, dann klingt das nach nützlichen Gewohnheiten. Wenn ich jeden Tag Fast Food esse, auf der Couch sitze und fernsehe, klingt das nach schädlichen Gewohnheiten. Das ist logisch und klar. Trotzdem ist es nicht leicht, gute Gewohnheiten zu etablieren. Es zahlt sich aber aus, positive Routinen bewusst in dein Leben zu integrieren. Denn ein Großteil deines Lebens wird von diesen Gewohnheiten bestimmt. Wenn du das verstehst und deine Gewohnheiten steuerst, ist das ist ein Gamechanger. Denn du hast dann viel mehr Lebensqualität, Freude, Leichtigkeit, Erfolg, Freizeit!

Eigentlich ganz klar. Warum fällt es uns dann aber schwer, ungünstige Gewohnheiten loszulassen? Aus evolutionstechnischer Sicht ist das recht einfach zu beantworten: Du neigst zu Verhaltensweisen, die Energie sparen und dir Freude bereiten – und vermeidest Aktivitäten, die dich Energie kosten und in Gefahr bringen. Das heißt jedoch nicht zwangsweise, dass gute Gewohnheiten keinen Spaß machen können.

Als Gefahr wird dabei alles Mögliche identifiziert, was unseren Energiehaushalt gefährden könnte. Das ist fast jede Veränderung des gewohnten Ablaufs. Selbst wenn die Abläufe suboptimal sind, halten wir daran fest, weil etwas Neues ungewiss ist und damit gefährlich sein könnte. Deswegen fällt es uns schwer, unsere Routine zu verändern. Gewohnheiten sind so essenziell, dass sie sich auch in unserem Gehirn wiederfinden, als ein Netzwerk von neuronalen Verbindungen und Schaltkreisen: Wenn wir etwas immer und immer wieder machen, bildet das Gehirn neuronale Pfade, die diese Handlung unterstützen und erleichtern. Diese Pfade werden mit der Zeit immer stärker und effizienter, sodass die Handlung schließlich zu einer automatisierten Gewohnheit wird. Bildlich kannst du dir das so vorstellen: Zuerst ist es eine kleine Landstraße – mit der Zeit wird eine Autobahn daraus.

Es gibt Menschen, die scheinbar beinahe mühelos alles erreichen, was sie sich vorgenommen haben. Wir halten sie für besonders schlau oder diszipliniert. Doch sie haben meistens eine Gemeinsamkeit: gute Gewohnheiten. Disziplin ist wichtig, aber am besten funktioniert sie, wenn du sie gar nicht benötigst. Wie das gehen soll? Indem du Gewohnheiten entwickelst und deine Disziplin nicht mehr jeden Tag brauchst. Unproduktive oder schlechte Gewohnheiten aufzugeben, ist nicht einfach. Tatsächlich ist es so, dass alte neuronale Netzwerke auch nicht einfach gelöscht werden können. Doch indem wir bewusst an der Veränderung unserer Gewohnheiten arbeiten, neue Verhaltensweisen wiederholt ausführen und mit positiven Belohnungen verknüpfen, können wir neue neuronale Pfade im Gehirn bilden und alte Pfade schwächen. Das ermöglicht es uns, unproduktive Gewohnheiten zu überwinden und produktive Gewohnheiten zu etablieren.

Diese Umstellung erfordert Zeit und Geduld. Vielleicht hast du schon davon gehört, dass eine neue Gewohnheit drei bis vier Wochen braucht, um sich zu verfestigen. Das ist jedoch nicht ganz richtig. Neuere Studien zeigen, dass die benötigte Zeit zwischen 18 und 254 Tagen stark variiert. Das ist eigentlich logisch, wenn wir uns nur zwei Aspekte ansehen: Wie schwer fällt uns eine neue Tätigkeit und wie oft wird diese ausgeführt? Je leichter uns etwas fällt, desto schneller geht es mit der Gewohnheit. Je öfter wir etwas wiederholen, desto schneller festigt sich diese.

Welche Gewohnheiten dein Leben wirklich langfristig in bessere Bahnen lenken, musst du selbst herausfinden. Es gibt keine allgemeingültige Lösung, denn jeder von uns hat andere Ziele, Bedürfnisse und Lebensumstände. Die Herausforderung ist, Gewohnheiten zu entwickeln, die dir wirklich guttun. Dabei geht es nicht darum, dir strikte Regeln aufzuerlegen, sondern eine Balance zu finden, die deine Lebensqualität verbessert. Eine großartige Möglichkeit, neue Gewohnheiten zu etablieren, sind sogenannte Mini-Gewohnheiten. Das sind kleine, leicht umsetzbare Handlungen, die so simpel sind, dass es fast unmöglich ist, sie nicht zu tun. Mini-Gewohnheiten bauen keinen großen Druck auf, sodass du sie mühelos in deinen Alltag integrieren kannst. Sobald sie zur Routine geworden sind, kannst du sie nach und nach ausbauen. Ein paar Beispiel, wie ich Mini-Gewohnheiten in meinen Alltag integriert habe:

- jeden Tag nach dem Aufstehen ein Glas warmes Wasser trinken
- meinen Schreibtisch am Ende des Tages zwei Minuten lang aufräumen
- jeden Abend vor dem Einschlafen fünf Dinge aufschreiben, für die ich dankbar bin

Unterschätze solche kleine Gewohnheiten nicht, denn sie können die Grundlage für größere Veränderungen sein!

Noch wirkungsvoller wird das Ganze, wenn du Mini-Gewohnheiten mit dem Prinzip des Habit Stacking kombinierst. Das bedeutet, dass du eine neue Gewohnheit direkt an eine bereits bestehende, feste Routine anknüpfst. Dadurch verankerst du die neue Gewohnheit viel leichter und schneller in deinem Alltag. Ich habe das selbst schon oft angewendet.

Zum Beispiel mag ich Süßes sehr und trinke gerne Tee. Früher habe ich mir jedes Mal, wenn ich in der Küche war und darauf gewartet habe, dass das Teewasser kocht, etwas aus der Naschlade geholt. Das ist natürlich eine ungesunde Gewohnheit und ich wusste das auch, aber konnte es einfach nicht lassen. Nichts Süßes mehr zu kaufen, funktionierte nur bedingt – ich ging in solchen Momenten nervös in der Küche auf und ab und durchsuchte die Schubladen nach Schokolade. Ich wollte gleichzeitig wieder fitter werden. Und so kam mir die Idee, Liegestütze zu machen, während der Wasserkocher blubbert. Auf diese Weise habe ich die alte Gewohnheit (Süßigkeiten essen) mit der neuen (Liegestütze machen) überschrieben.

Der große Vorteil von Habit Stacking in Kombination mit Mini-Gewohnheiten ist, dass du dir selbst kaum eine Chance gibst, das angestrebte neue Verhalten nicht umzusetzen. Die Hürde ist so niedrig und die Verknüpfung mit einer bereits bestehenden Gewohnheit so stark, dass sich die neue Gewohnheit fast automatisch in dein Leben einfügt. Diese Ansätze sind zusammengenommen unschlagbar, um langfristig positive Veränderungen in deinem Leben zu etablieren – ohne dass es sich nach harter Arbeit anfühlt. Du entscheidest selbst, welche Gewohnheiten für dich passen. Das ist ein laufender Prozess, bei dem du reflektierst, ausprobierst und anpasst. Nur du weißt, welche Gewohnheiten dir helfen, ein erfülltes, gesundes und glückliches Leben zu führen. Fang noch heute an, deine ersten Mini-Gewohnheiten zu entwickeln und mit Habit Stacking zu verknüpfen. Überlege dir, welche kleinen Schritte dein Leben positiv beeinflussen können – und starte mit dem einfachsten. Das ist leichter, als du denkst, und der Gewinn für dein Leben ist unbezahlbar.

6.7 Verplane deine Energie richtig!

Du fragst dich vielleicht, was ein Kapitel über Energie in einem Buch über Zeitmanagement verloren hat. Energie und Lebensfreude sind die Grundlage für ein gesundes und leistungsfähiges Leben – und genau das macht uns nicht nur widerstandsfähig, sondern auch nachhaltig produktiv. Wenn Körper und Geist im Gleichgewicht sind, können wir unsere Aufgaben mit Fokus, Klarheit und Effektivität angehen, ohne dabei auszubrennen. Gesundheit und Leistungsfähigkeit gehen Hand in Hand. Gesund sind wir nicht dann, wenn wir nicht krank sind. Wir sollten uns mit unserer Gesundheit deshalb nicht erst dann befassen, wenn wir uns schon krank fühlen. Denn es ist schwierig, leistungsfähig und produktiv zu sein, wenn wir vor lauter Krankheit oder Müdigkeit morgens nicht aus dem Bett kommen. Unsere Gesundheit beeinflusst erheblich, wie motiviert und begeistert wir sind und wie viel Energie wir für unsere Aufgaben aufbringen können.

Natürlich kennst du alle Grundsätze für eine gesunde Lebensweise – das bezweifle ich gar nicht. Wir alle wissen, dass wir tendenziell zu viel essen, zu wenig Wasser trinken und uns zu wenig bewegen. Das ist bei den meisten von uns, mich eingeschlossen, einfach eine Tatsache, und das ist auch ganz leicht zu verstehen. Oft ist es aber so, dass die einfachen Dinge die schwierigsten sind. Das heißt: Wir sollten weniger und langsamer essen, mehr Wasser trinken und uns öfter an der frischen Luft bewegen. Ganz einfach – trotzdem nicht leicht. Und genau deswegen gehe ich hier noch einmal drauf ein.

Iss dich produktiv!
Nichts kostet uns so viel Energie wie die Verdauung. Wenn wir mehr essen, als wir benötigen, belasten wir also unseren Körper unnötig und rauben uns selbst Energie. Versuche daher, immer langsam zu essen, genieße dein Essen und mache nichts anderes währenddessen! Iss viel Obst und Gemüse, koche möglichst oft selbst und verzichte auf Fertignahrung, denn Lebensmittel sollten Leben erhalten, wie der Name schon sagt. Michael Pollan, ein US-amerikanischer Professor und Journalist, hat es in seinem gleichnamigen Buch auf den Punkt gebracht: „Essen Sie nichts, was Ihre Großmutter nicht als Essen erkannt hätte!" (Pollan, 2013)[9]

Trink viel Wasser!
Wir brauchen zwei bis drei Liter Wasser am Tag. Falls du dazu neigst, auf das Trinken zu vergessen, baue fixe Routinen ein: nach dem Aufstehen, in jeder Pause etc. Eine Karaffe Wasser zum Schreibtisch mitzunehmen, hilft auch, das Trinken wortwörtlich nicht aus den Augen zu verlieren. Zu den Mahlzeiten sollten wir übrigens nicht trinken, denn das erschwert die Verdauung.

Verzichte außerdem möglichst auf gezuckerte Getränke, denn deren Konsum erhöht das Risiko für Herz-Kreislauf-Erkrankungen (Janzi et al., 2024)[10] und die flüssigen Kalorien führen oft zur Gewichtszunahme (Calcaterra et al., 2023).[11]

Bewege dich ausreichend, verbringe Zeit in der Natur!
Wir haben einen Bewegungsapparat und keinen Sitzapparat. Leider sitzen die meisten von uns viel zu viel. Wenn du auch jeden Tag viele Stunden im Sitzen verbringst, solltest du Bewegung in deinen Alltag integrieren. Du musst kein Leistungssportler werden. Ein moderater Spaziergang, ein bisschen Yoga, Schwimmen oder Tanzen zählen auch zur Bewegung. Mach etwas, das dir Spaß macht, dann bleibst du auch dabei! Deine Belohnung: Wenn du dich mehr bewegst, gewinnst du Energie und Lebensfreude. Gerade wenn dir nach einem langen Arbeitstag, den du vorwiegend im Sitzen verbracht hast, nicht danach ist, dich zu bewegen, solltest du es tun. Schon nach ein paar Minuten kommt der Kreislauf in den Schwung – kombiniert mit frischer Luft ist das der perfekte Weg, um deinen Körper schnell mit Energie und Glückshormonen zu fluten.

Mach regelmäßig Pausen!
Wenn du glaubst, keine Pause machen zu können, weil du so viel zu tun hast, brauchst du eine Pause am dringendsten. Deine Konzentration lässt nach etwa einer Stunde nach. Kurze Pausen von fünf bis zehn Minuten pro Stunde lassen dich den ganzen Tag über leistungsfähig bleiben. Vor allem: Dir vergeht nicht der Spaß am Tun, du bist am Abend nicht völlig erschöpft und hast noch Lust und Energie, etwas zu unternehmen. Couch und Fernbedienung sind plötzlich nicht mehr so verführerisch. (Wie du deine Pausen am besten verbringst, werden wir im letzten Teil behandeln).

Schlafe ausreichend und richtig!
Schlaf sollte nicht als ein notwendiges Übel behandelt werden, bei dem wir Lebenszeit verlieren. Beim Schlafen passieren viele wichtige Prozesse im Körper, die uns körperlich und psychisch gesund halten: Herz und Immunsystem werden gestärkt, das Muskelwachstum wird angeregt und

das Diabetesrisiko vermindert. Emotionen vom Tag werden im Schlaf verarbeitet und damit wird die Psyche entlastet. Die Ergebnisse einer Studie der National Academy of Sciences in Amerika aus dem Jahr 2011 zeigen, dass Menschen mit zu wenig Schlaf vermehrt Hormone im Körper ausschütten, die Hungergefühle auslösen, wodurch die Betroffenen stärker gefährdet sind, übergewichtig zu werden (Hanlon & Van Cauter, 2011).[12]

Nicht nur die Schlafdauer ist wichtig – die Schlafqualität ist ausschlaggebend. Diese verschlechtert sich, wenn wir vor dem Schlafengehen Bildschirmen ausgesetzt sind, weil das von ihnen ausgestrahlte blaue Licht die Produktion des Schlafhormons Melatonin hemmt. Dadurch wird der natürliche Schlaf-Wach-Rhythmus gestört, was zu Einschlafproblemen und einem weniger erholsamen Schlaf führen kann. Alle elektrischen Geräte wie Handy, Computer und Fernseher sollten deshalb wenigstens eine Stunde vor dem Schlafengehen gemieden werden (Höhn et al., 2024).[13]

Pflege deine sozialen Kontakte!
Wir Menschen sind soziale Wesen. Wir sind deshalb gesünder, wenn wir in einer Gemeinschaft leben, in der wir uns auch wohlfühlen (Strüber, 2024).[14] Du solltest also genug Zeit mit Freunden und Familie verbringen. Das heißt aber nicht, dass du rund um die Uhr von Leuten umgeben sein musst. Auch Zeit alleine zu verbringen ist gut und wichtig – für Reflexion und Erholung. Ein Gleichgewicht von sozialer Verbundenheit und Momenten der Ruhe stärkt deinen Energiehaushalt.

„Viel schlafen, gesund essen und mehr Bewegung … Alles schön und gut. Woher soll ich aber für all das die Zeit nehmen?" Das könntest du jetzt denken. Denk langfristig! Du magst vielleicht ein paar Stunden pro Woche sparen, wenn du deinen Schlaf, deine Ernährung oder deine Bewegung vernachlässigst. Doch wir können unmöglich Leistung erbringen, wenn wir unsere Gesundheit vernachlässigen. Sind wir einmal krank, verwenden wir all unsere Zeit darauf, gesund zu werden. Die größte Herausforderung besteht für viele von uns darin, nicht die eigenen Pausen zu übergehen, um mehr zu schaffen. Der Geist ist nur fit, wenn auch der Körper fit ist. Und nur wenn Geist und Körper fit sind, kannst du effizient arbeiten.

Notes

1. Die Weltgesundheitsorganisation (WHO) sieht Stress als Gesundheitsgefahr an: World Health Organization. (2023, 21. Februar). *Stress.* WHO. https://www.who.int/news-room/questions-and-answers/item/stress Zuletzt abgerufen am 30. Juni 2025.
2. Stressdefinition: Heinrichs, M., Stächele, T. & Domes, G. (2015). *Stress und Stressbewältigung.* S. 4–6. Hogrefe.
3. Stress macht uns langfristig krank: Nagel, U., & Petermann, O. (2019). *Psychische Belastungen, Stress, Burnout?.* S. 18.
4. Wie Fokus doch gehalten werden kann, beschreibt Newport, C. (2017). *Konzentriert arbeiten. Regeln für eine Welt voller Ablenkungen.*
5. Auf Deutsch heißt das Buch von Hari, J. (2022). *Abgelenkt: Wie uns die Konzentration abhandenkam und wie wir sie zurückgewinnen.* S. 17–41.
6. Den Begriff „Fokuszeit" verwende ich seit etwa 2015. Meine Recherche während der Verfassung des Manuskripts für dieses Buches zeigt, dass auch andere diesen Begriff verwenden, so zum Beispiel Lars Bobach, der jedoch eine andere Methode hinter dem Wort versteht: Bobach L. (2022, 7. Mai) *Die Fokus-Zeit.* https://larsbobach.de/fokus-zeit/ Zuletzt abgerufen am 30.06.2025.

    Ein Buch zur Fokuszeit als Methode konnte ich nicht finden. Es ist unmöglich zu sagen, wer den Begriff das erste Mal verwendet hat, ich beanspruche die Wortfindung nicht für mich.

    Die Methode habe ich mir aus verschiedensten Techniken zusammengestellt – angelehnt an die Pomodoro-Methode, die in den 1980er-Jahren vom Italiener Francesco Cirillo geprägt wurde: Montanuniverstität Leoben (2021, 21 Januar) *Pomodoro-Technik: Wie man in kurzer Zeit produktiv lernen kann* https://www.unileoben.ac.at/news/pomodoro-technik-wie-man-in-kurzer-zeit-produktiv-lernen-kann/.

    Die Idee, den Termin im Kalender einzutragen, habe ich von David Allen: Allen, D. (2015). *Wie ich die Dinge geregelt kriege: Selbstmanagement für den Alltag.*
7. Das berühmteste Werk zum Flow-Zustand: Csikszentmihalyi, M. (1995). *Flow: das Geheimnis des Glücks.*
8. Play and intrinsic rewards. (1975). *Journal of Humanistic Psychology,* 15. (3), S. 41–63. https://doi.org/10.1177/002216787501500306.
9. Pollan, M. (2013). *Essen Sie nichts, was Ihre Großmutter nicht als Essen erkannt hätte.*

10. Janzi, S., González-Padilla, E., Ramne, S., Bergwall, S., Borné, Y. & Sonestedt, E. (2024). Added sugar intake and its associations with incidence of seven different cardiovascular diseases in 69,705 Swedish men and women. *Frontiers in Public Health, 12.* https://doi.org/10.3389/fpubh.2024.1452085.
11. Calcaterra, V., Cena, H., Magenes, V. C., Vincenti, A., Comola, G., Beretta, A., Di Napoli, I. & Zuccotti, G. (2023). Sugar-Sweetened Beverages and Metabolic Risk in Children and Adolescents with Obesity: A Narrative Review. *Nutrients, 15*(3), 702. https://doi.org/10.3390/nu15030702.
12. Hanlon, E. C., & van Cauter, E. (2011, 13. September). *Quantification of sleep behavior and of its impact on the cross-talk between the brain and peripheral metabolism.* Proceedings of the National Academy of Sciences, 108 (Suppl 3), S. 15609–15616. https://doi.org/10.1073/pnas.1101338108.

    Nôga, D. A., de Mello, E., Meth, S., & Pacheco, A. P. (2024, 5. März). *Habitual short sleep duration, diet, and development of type 2 diabetes in adults.* JAMA Network Open. https://doi.org/10.1001/jamanetworkopen.2024.1147.
13. Höhn, C., Hahn, M. A., Gruber, G., Pletzer, B., Cajochen, C., & Hoedlmoser, K. (2024, 17. Mai). *Effects of evening smartphone use on sleep and declarative memory consolidation in male adolescents and young adults.* Brain Communications, 6(3). https://doi.org/10.1093/braincomms/fcae173.
14. Strüber, N. (2024). *Unser soziales Gehirn: Warum wir mehr Miteinander brauchen.*

Literatur

Allen, D. (2015). *Wie ich die Dinge geregelt kriege: Selbstmanagement für den Alltag.* Piper.
Calcaterra, V., Cena, H., Magenes, V. C., Vincenti, A., Comola, G., Beretta, A., Di Napoli, I., & Zuccotti, G. (2023). Sugar-sweetened beverages and metabolic risk in children and adolescents with obesity: A narrative review. *Nutrients, 15*(3), 702. https://doi.org/10.3390/nu15030702
Csikszentmihalyi, M. (1995). *Flow: das Geheimnis des Glücks.* Klett-Cotta.
Hanlon, E. C., & Van Cauter, E. (2011). Quantification of sleep behavior and of its impact on the cross-talk between the brain and peripheral metabolism.

Proceedings of the National Academy of Sciences, *108*(supplement_3), 15609–15616. https://doi.org/10.1073/pnas.1101338108

Hari, J. (2022). *Abgelenkt: Wie uns die Konzentration abhandenkam und wie wir sie zurückgewinnen. Der New York Times Bestseller. Für alle, die ihre Aufmerksamkeit und ihren Fokus wieder finden wollen*. Riva.

Heinrichs, M., Stächele, T., & Domes, G. (2015). *Stress und Stressbewältigung* (S. 4–6). Hogrefe.

Höhn, C., Hahn, M. A., Gruber, G., Pletzer, B., Cajochen, C., & Hoedlmoser, K. (2024). Effects of evening smartphone use on sleep and declarative memory consolidation in male adolescents and young adults. *Brain. Communications, 6*(3). https://doi.org/10.1093/braincomms/fcae173

Janzi, S., González-Padilla, E., Ramne, S., Bergwall, S., Borné, Y., & Sonestedt, E. (2024). Added sugar intake and its associations with incidence of seven different cardiovascular diseases in 69,705 Swedish men and women. *Frontiers in Public Health, 12*. https://doi.org/10.3389/fpubh.2024.1452085

Lars. (2022, Mai 07). *Die FOKUS-Zeit*. Lars Bobach. https://larsbobach.de/fokus-zeit/. Zugegriffen am 30.6.2025.

Montanuniversität Leoben. (2021, Januar 21). *Pomodoro-Technik: Wie man in kurzer Zeit produktiv lernen kann*. Unileoben. https://www.unileoben.ac.at/news/pomodoro-technik-wie-man-in-kurzer-zeit-produktiv-lernen-kann/. Zugegriffen am 30.06.2024.

Nagel, U., & Petermann, O. (2019). *Psychische belastungen, stress, burnout?: So erkennen Sie frühzeitig Gefährdungen für Ihre Mitarbeiter und beugen Erkrankungen erfolgreich vor!*. ecomed.

Newport, C. (2017). *Konzentriert arbeiten: Regeln für eine Welt voller Ablenkungen*. Redline.

Nôga, D. A., De Mello, E., Souza Meth, E., Pacheco, A. P., Tan, X., Cedernaes, J., Van Egmond, L. T., Xue, P., & Benedict, C. (2024). Habitual Short Sleep Duration, Diet, and Development of Type 2 Diabetes in Adults. *JAMA Network Open, 7*(3), e241147. https://doi.org/10.1001/jamanetworkopen.2024.1147

Play and Intrinsic Rewards. (1975). *Journal of Humanistic Psychology, 15*(3), 41–63. https://doi.org/10.1177/002216787501500306

Pollan, M. (2013). *Essen Sie nichts, was Ihre Großmutter nicht als Essen erkannt hätte: Goldene Regeln für gute Ernährung*. Antje Kunstmann.

Strüber, N. (2024). *Unser soziales Gehirn: Warum wir mehr Miteinander brauchen*. Klett-Cotta.

WHO. (2023). *Stress*. https://www.who.int/news-room/questions-and-answers/item/stress. Zugegriffen am 30.06.2025.

Teil III

Pausen

„Nichts bringt uns auf unserem Weg besser voran als eine Pause."
Elizabeth Barrett Browning

7

Pausen

Zusammenfassung Höchstleistung braucht Erholung. Wer ständig funktioniert, verliert den Zugang zu Kreativität, Klarheit und Lebensfreude. Pausen sind keine Zeitverschwendung, sondern der Schlüssel zu echter Produktivität. Schlaf, Fokuszeiten und bewusste Auszeiten laden die Batterien wieder auf und bewahren vor Erschöpfung. Gerade wer viel erreichen will, muss regelmäßig innehalten. Auch unser Gehirn braucht Erholungsphasen, um Informationen zu verarbeiten und neue Ideen entstehen zu lassen. Achtsame Pausen helfen, den Moment zu genießen, den Körper zu regenerieren und mit klarem Kopf weiterzumachen. Statt hetzen – atmen. Statt ständig leisten – regelmäßig auftanken. Wer Pausen macht, lebt gesünder und arbeitet erfolgreicher.

7.1 Das Geheimnis der Megaproduktivität

Die meisten Genies und Künstler haben außergewöhnlich viel gearbeitet, aber sie haben auch bewusst Pausen eingelegt. Beispiele hierfür findest du in der Geschichte: ob es nun Künstler oder Wissenschaftler waren, die etwas erschaffen oder viel geschafft haben – viele von ihnen haben dabei aber nie auf Erholung verzichtet. Unsere Smartphones laden wir täglich auf, oft schließen wir sie auch zwischendurch kurz ans Ladegerät an. Was für unsere elektronischen Geräte selbstverständlich ist, nämlich Energie nachzutanken, vergessen wir allerdings oft bei uns selbst. Schläfst du ausreichend? Machst du während des Tages genügend Pausen? Oder schleppst du dich mit viel Kaffee durch den Tag und isst nebenbei am Computer sitzend?

Es gibt zwei grundlegende Arten von Erholung, die entscheidend für unsere Produktivität und unser Wohlbefinden sind: die kurzen Pausen, die wir während des Tages machen, um unsere Energiereserven zwischendurch aufzufüllen und unseren Geist zu erfrischen, und der Schlaf, den wir jede Nacht brauchen.

Schlaf
Schlaf ist die tiefgreifendste und wichtigste Form der Erholung. Er gibt unserem Gehirn und Körper die Möglichkeit, sich vollständig zu regenerieren, Stoffwechselabfälle abzubauen und das Erlebte zu verarbeiten. Er bildet die Grundlage, um tagsüber überhaupt produktiv sein zu können. Studien zeigen, dass wir immer weniger schlafen. In den vergangenen 100 Jahren ist die durchschnittliche Schlafzeit um 15 bis 20 % gesunken. Die empfohlenen sieben bis neun Stunden Schlaf erreichen viele Erwachsene nicht mehr. 40 % der US-Amerikaner schlafen weniger als sieben Stunden pro Nacht (Pöppel, 2021).[1] In Deutschland sieht es kaum besser aus: Nur 18 % schlafen mehr als sieben Stunden, 33 % schlafen sechs bis sieben Stunden, und 48 % sogar weniger als sechs Stunden (Statista, 2025).[2] In Österreich schläft ein Drittel der Bevölkerung in einem Alter von über 16 Jahren weniger als sieben Stunden lang und ein weiteres Drittel zwischen sieben und acht Stunden (IMAS, 2024).[3]

Natürlich sind die individuellen Bedürfnisse unterschiedlich, aber trotzdem lässt sich zusammenfassen, dass die meisten Erwachsenen in der westlichen Welt unter chronischer Übermüdung leiden. Gleichzeitig steigen die Zahlen der Menschen mit Ein- und Durchschlafproblemen. Der Konsum von Schlafmitteln ist in Europa zwar noch nicht so extrem wie in den USA, aber auch hier nimmt er zu. Und mit Kaffee lässt sich chronischer Schlafmangel auch nicht ausgleichen. Schon Kinder schlafen oft weniger, als sie sollten. Wir wachsen also mit dem Gefühl auf, dass ständige Erschöpfung normal sei. Aber zu wenig Schlaf hat negative Auswirkungen – auf den Körper, die Stimmung und die Leistungsfähigkeit. Denn Schlafmangel signalisiert dem Körper einen Notfall: Wir könnten immerhin von einem Säbelzahntiger verfolgt werden oder vielleicht schreit das Baby und will gefüttert werden. Unser Körper reagiert clever und erhöht den Blutdruck, um bereit dafür zu sein (Gangwisch, 2014).[4] Auch das Verlangen nach Zucker steigt, um neue Energie zu bekommen. Regelmäßiger Schlafmangel versetzt den Körper also in Alarmbereitschaft, führt zu Heißhunger und macht uns langfristig krank. Wie schon angemerkt, leidet auch unsere Stimmung darunter: Wir werden gereizt und ungeduldig, was sich negativ auf unsere Beziehungen auswirkt.

Ich erinnere mich noch gut an die Zeit, als unser zweiter Sohn geboren worden ist. Unser älteres Kind war noch nicht einmal zwei Jahre alt, schlief auch nicht durch und brauchte ebenfalls ständige Betreuung. Ich war praktisch rund um die Uhr auf, weil immer mindestens eines der Kinder wach war. Deshalb mutierte ich zu einer frustrierten Arbeitsmaschine. Irgendwann kam ich auf die Idee, meinen Mann in der Nacht zu wecken, damit er sich um unseren älteren Sohn kümmerte. Das Baby stillen konnte er nicht, aber Händchen halten schon. Rückblickend waren es die härtesten zwei Jahre meines Lebens. Meine Stimmung war düster, ich hatte ständig Kopfschmerzen und litt unter Heißhungerattacken – was nicht verwunderlich war, da ich kaum zwei Stunden pro Nacht schlief. Dass es gesellschaftlich nicht gern gehört wird, wie erschöpft man als Mutter sein kann, tat noch den Rest dazu. (Aber das ist ein anderes Thema.) Als ich endlich wieder mehr schlafen konnte, änderte sich alles schlagartig: Plötzlich fühlte ich mich wieder wie ein Mensch und meine Lebensqualität besserte sich merklich. Wenn du Kinder hast, kennst du das vielleicht.

Schlaf ist ein Grundbedürfnis. Deshalb war Schlafentzug früher sogar ein Foltermittel. Und Schlafmangel beeinträchtigt nicht nur unsere Stimmung, sondern auch unsere Leistung. Es ist ein Paradoxon: Gerade wenn wir viel zu tun haben, schlafen wir weniger. Aber dadurch werden wir langsamer, machen mehr Fehler und können uns schlechter konzentrieren. Wir schlafen sozusagen, obwohl unsere Augen offen sind, siehe Abb. 7.1.

Abb. 7.1 Pausen machen dich langfristig produktiv. (© Blanka Vötsch. All rights reserved)

Forscher haben herausgefunden, was in unserem Körper passiert, wenn wir schlafen: eine Menge! Während des Schlafs werden Stoffwechselabfälle aus dem Gehirn abtransportiert. Man kann sich das vorstellen wie eine innere Reinigung des Gehirns. Wenn dieser Reinigungsprozess durch Schlafmangel gestört wird, sammeln sich diese Abfälle an, was unsere Konzentration beeinträchtigt und langfristig das Risiko für Demenz erhöht. Im Schlaf träumen wir auch, und dabei verarbeiten wir stressige Momente, ohne dabei aber Stresshormone im Körper zu haben, dieser Prozess hilft uns dabei, besser mit Stress umzugehen (Brain May Flush Out Toxins During Sleep; Sleep Clears Brain Of Molecules Associated With Neurodegeneration: Study, 2013).[5]

Viele glauben, dass sie Schlafmangel einfach mit Koffein ausgleichen können. Doch das ist ein Trugschluss. Je länger wir wach sind, desto mehr baut sich im Gehirn ein chemischer Stoff auf, der Müdigkeit signalisiert. Koffein blockiert lediglich den Rezeptor, der diesen Stoff erkennt – die Müdigkeit bleibt aber bestehen, wir spüren sie nur nicht (Kaster et al., 2015).[6] Die Auswirkungen von Schlafentzug sind vielfältig. Erwachsene zeigen sich reizbar, ungeduldig und impulsiv, während Kinder hyperaktiv werden. Wenn wir also die steigende Zahl an Konzentrationsproblemen und Stimmungsschwankungen bekämpfen wollen, müssen wir besser auf unseren Schlaf achten (und auf den Schlaf unserer Kinder) (Hvolby, 2014).[7]

Pausen
Pausen sind wichtig, um langfristig produktiv und leistungsfähig zu bleiben – aber auch, um eine hohe Lebensqualität aufrechtzuerhalten. Intuitiv glauben viele, dass wir mehr schaffen, wenn wir durcharbeiten. Doch die Forschung zeigt genau das Gegenteil: Wenn wir zu lange ohne Pausen arbeiten, lässt die Konzentration nach, die Fehlerhäufigkeit steigt und unsere Kreativität leidet. Pausen sind also kontraintuitiv – wir müssen sie bewusst setzen, da sie nachweislich unsere Leistungsfähigkeit und unser Wohlbefinden steigern. Unser Körper, aber vor allem auch unser Gehirn, braucht regelmäßige Erholungsphasen, um optimal zu funktionieren. In den Pausen können wir durchatmen, unsere Gedanken ordnen. Die optimale Pause liegt bei etwa fünf bis zehn Minuten pro Stunde – häufigere kurze Pausen ergeben also durchaus Sinn, um mit neuer Energie weiterzumachen (Blasche et al., o. J.).[8]

Wichtig ist dabei, dass die Pause auch wirklich eine Unterbrechung der aktuellen Aufgabe darstellt. Das heißt: Anstatt in der Pause auf den Bildschirm zu starren – oder noch schlimmer: von einem Bildschirm zum nächsten zu wechseln –, solltest du lieber aufstehen und dich ein bisschen bewegen. Bewegung bringt die Durchblutung in Schwung, was deinem Körper und Gehirn hilft, sich zu regenerieren. Frische Luft ist dabei natürlich besonders förderlich. Du kannst zum Beispiel das Fenster öffnen oder eine Runde um den Block gehen – beides wird dir guttun. Auch ein Glas Wasser zu trinken ist immer eine gute Idee, um den Körper wieder aufzufrischen. Eine Unterhaltung in der Pause ist wiederum nur dann ratsam, wenn du nicht gerade mitten in einer konzentrierten Arbeitsphase steckst. Während der Fokuszeit ist es besser, alleine und in Gedanken zu bleiben, aber in anderen Momenten kann ein lockeres Gespräch dir helfen, den Kopf freizubekommen.

Am Wochenende brauchst du genauso Zeit für Erholung. Das bedeutet allerdings nicht, dass du zwei Tage passiv auf der Couch verbringen musst. Stattdessen geht es darum, eine Balance zwischen Aktivität und Ruhe zu finden. Tu etwas, das dir Freude bereitet, um dich von der Alltagsroutine zu lösen. Achte darauf, dein Wochenende nicht komplett durchzuplanen, sonst hast du am Ende Freizeitstress. Nimm dir bewusst Zeit für Müßiggang – sei es beim Spazierengehen, Lesen oder einfach mal beim Nichtstun.

Dann gibt es noch die Pausen in Form von Urlaub. Die Untersuchungen zeigen nicht klar, ob eineinhalb oder zwei Wochen das Minimum für eine gute Erholung sind. Aber klar ist, dass du mindestens eine Woche brauchst, um wirklich im Urlaubsmodus anzukommen. Erst danach kannst du in einen tieferen Entspannungsprozess eintauchen – sowohl körperlich als auch geistig. Kürzere Auszeiten wie ein verlängertes Wochenende können trotzdem erfrischend wirken (De Bloom et al., 2012).[9]

Ein ausgewogener Mix aus Wochenendpausen, Urlauben und den kleinen Pausen im Alltag ist folglich der Schlüssel, um langfristig glücklich und produktiv zu bleiben. Sollte es dir trotzdem schwerfallen, Pausen zu machen, hier ein bisschen Inspiration von sehr erfolgreichen Menschen, die auf ihre Pausen geachtet und gerade deswegen viel erreicht haben: Ludwig van Beethoven war bekannt für seine täglichen Spaziergänge in der Natur, bei jedem Wetter. Er arbeitete morgens an seinen Kompositionen und ließ sich nach dem Mittagessen bei einem Spaziergang in der Natur inspirieren. Diese Pausen waren entscheidend für seine Kreativität und Produktivität (Kleyboldt, 2020).[10]

Die US-amerikanische Schriftstellerin Maya Angelou legte ebenfalls großen Wert auf Pausen in ihrem Tagesablauf. Sie arbeitete morgens oft in einem einfachen Hotelzimmer, um ungestört schreiben zu können. Nach getaner Arbeit machte sie am Nachmittag jedoch regelmäßig Pausen, in denen sie las oder einfach nachdachte. Diese bewussten Erholungsphasen halfen ihr, ihre kreative Energie zu bewahren und Inspiration für ihre nächsten Werke zu finden (Zeveloff, 2014).[11]

Albert Einsteins tägliche Spaziergänge dauerten oft mehrere Stunden und führten ihn durch die Natur. Dabei ließ er seinen Geist abschweifen und löste so oft komplexe wissenschaftliche Probleme. Diese Auszeiten waren eine wichtige Quelle seiner berühmten Durchbrüche in der Physik. Er nahm sich auch regelmäßig Zeit für Nickerchen, um seine geistigen Batterien wieder aufzuladen (Gorvett, 2017).[12]

Virginia Woolf nutzte Spaziergänge und Zeiten der Stille für Erholungsphasen, kreative Prozesse und um ihre Gedanken zu ordnen (Wolfsberger, 2018).[13]

Thomas Edison arbeitete oft bis zur Erschöpfung, doch er war ein großer Befürworter von Power-Naps. Diese Mini-Pausen nutzte er regelmäßig, um seine geistige Energie wiederherzustellen. Edison glaubte daran, dass diese kurzen Auszeiten seine Produktivität und Kreativität steigerten (Frimmer, 2021).[14]

Bewegung in der Natur ist mitten in der Stadt oder in einem Bürokomplex nicht so einfach. Doch selbst hier kann ein kurzer Spaziergang von zehn Minuten an der frischen Luft hilfreich sein.

7.2 Flow und Pausen

Warst du als Kind auch gerne im Wasser? Die Zeit verging wie im Flug, es war lustig und irgendwann hieß es: „Raus aus dem Wasser, mach jetzt mal eine kurze Pause!" Aber wir wollten nicht aus dem Wasser. „Mir ist nicht kalt!" Wir zitterten zwar und hatten ganz blaue Lippen, merkten es selbst aber vor lauter Begeisterung nicht. Die Pausen mussten uns von den Eltern verordnet werden.

Wenn wir im Flow sind, bemerken wir gar nicht, dass unsere Batterie sich entlädt. Wir sind im Spielmodus, das limbische System feuert und wir wollen immer weitermachen. Wir glauben dann: „Wenn ich im Flow bin, brauche ich keine Pause! Ich darf da nicht unterbrechen, weil sonst die Ideen weg sind." Beides stimmt aber nicht: Unsere Konzentration lässt nach 60 min signifikant nach und wenn wir unsere Batterie nicht regelmäßig aufladen, entleert sie sich zu weit und normale Pausen reichen nicht mehr aus, um sie wieder zu laden. Deshalb sollten wir nach 50 min eine kurze Pause machen. Wie bei den Fokuszeiten bereits besprochen: Sportler wissen, dass ihre Muskeln in den Trainingspausen wachsen und halten ihre Pausen deshalb ein. Aber nicht nur unsere körperliche, sondern auch unsere mentale und emotionale Stärke wächst in den Pausen. Weiters werden die Informationen verarbeitet, wie wir das bereits erfahren haben.

Ich gebe zu, dass ich das Konzept mit der Pause nicht gleich verstanden habe. Als ich anfing, mehr auf Bildschirmpausen zu achten, habe ich diese Pausen anfänglich fälschlicherweise einfach für eine andere Arbeit verwendet. Im Homeoffice griff ich nach meinem Smartphone, habe in den zehn Minuten die Wäsche aufgehängt oder die Blumen gegossen. Im Unternehmen ging ich in die Kaffeeküche, um Tee zu machen und wurde dabei in Gespräche verwickelt. Meist ging es um ein Problem und sofort steckte ich gedanklich beim Lösungsansatz für dieses Problem. Auch als ich zum Schreibtisch zurückkehrte, spukte mir das noch im Kopf rum. Grundsätzlich spricht nichts gegen Smalltalk oder dagegen, in einer Bildschirmpause die Blumen zu gießen. Jedoch sollte das nicht während der fokussierten Arbeitszeit passieren. Warum? Weil die Pause Teil der Fokuszeit ist. Sobald ich mich gedanklich mit etwas anderem beschäftige oder mich unterhalte, ist mein Fokus weg. Wenn du im Flow bleiben willst, musst du mit deinen Gedanken auch in der Pause bei der Sache bleiben! Konkret solltest du in den zehn Minuten keine E-Mails lesen, keine anderen Probleme behandeln und möglichst mit niemandem eine Unterhaltung führen. Stattdessen kannst du dich zum Beispiel ein wenig bewegen, das Fenster öffnen, um frische Luft zu atmen oder Wasser trinken. So wandern deine Gedanken nicht zu einem anderen Task und du bist nach der Pause mit deiner Konzentration wieder schnell beim Thema. Diese strikte Pausenform bezieht sich nur auf die Fokuszeiten, denn hier willst du beim betreffenden Thema bleiben. Machst du sonstige Pausen am Tag, kannst du dich natürlich gerne unterhalten, jedoch empfehle ich dir, trotzdem nicht die nächste Aufgabe anzugehen. Ansonsten wäre deine Pause keine richtige Pause gewesen.

Wenn du noch etwas Motivation für die Pausen brauchst, denke daran: Die besten Ideen hast du meistens in den Pausen! Immer dann, wenn du gerade entspannst und nicht an das Problem denkst. Viele geniale Einfälle entstanden während eines Spaziergangs oder beim Duschen. Duschen? Was hat Duschen mit kreativen Lösungen zu tun? Woody Allen hat einmal verraten, dass er seine Schreibblockaden beim Spazierengehen lösen konnte. Da es mit seiner Bekanntheit aber vermehrt unmöglich war, sich ungestört auf der Straße zu bewegen, suchte er nach einer Alternative und da fiel ihm irgendwann auf: Auch beim Duschen sprudelten die Ideen aus seinem Kopf. Deswegen duschte er auch mal tagsüber, um seine Kreativität anzuspornen und mit neuen Ideen zum Schreibtisch zurückzukehren (Welt, 2012).[15] Was nach einer netten Anekdote klingt, wurde bereits mit Studien untermauert. Pausen machen uns produktiver (Team, 2021)[16] und häufig bringt uns ein Perspektivenwechsel auf die Lösung des Problems (Pöppel, 2021).[17] Kurz weggehen vom Problem, entspannen und den Gedanken freien Lauf zu lassen. Während des Mind Wanderings werden Erfahrungen verarbeitet und Informationen geordnet. Wir stellen Verbindungen zwischen verschiedenen Dingen her und finden plötzlich Lösungen für Probleme. Das ist eine Art Kreativität, bei der unser Gehirn frei assoziiert. So kann etwa ein spontaner Geistesblitz entstehen. Bis in die 1980er-Jahre dachte man, dass das Gehirn nichts tut, wenn wir nicht aktiv nachdenken. Doch durch spätere Untersuchungen wissen wir heute, dass sich die Aktivität einfach in einen anderen Teil des Gehirns verlagert. Unser Gehirn ist am aktivsten, wenn wir gerade nichts tun. Dann können die Gedanken einfach frei wandern. Deswegen wurde das Phänomen auch „Mind Wandering" genannt (Vago & Zeidan, 2016).[18]

7.3 Fünf Lebensbereiche – eine Lebensqualität

Wenn wir über Zeitmanagement und Produktivität nachdenken, kommt uns oft zuerst unser Berufsleben in den Sinn. Unter Umständen bringen wir auch noch unser Privatleben mit dem Faktor „Zeit" in Verbindung, indem wir unsere Aufgaben in diesem Bereich effizient zu managen versuchen. Doch wie sieht es mit unserer Gesundheit, unseren Finanzen oder unserer persönlichen Weiterentwicklung aus? Diese Aspekte werden oft nicht mit dem Thema „Zeit" in Zusammenhang gebracht. Dabei sind sie entscheidend, wenn es darum geht, unsere Lebensqualität langfristig zu steigern.

Um unsere Zeit wirklich sinnvoll zu nutzen, lohnt es sich, das Leben in verschiedene Bereiche zu unterteilen:

- Gesundheit
- Persönlichkeit

- Finanzen
- Beruf(ung)
- Beziehungen

Diese fünf Bereiche bilden das Fundament für eine nachhaltige Lebensqualität. Jeder dieser Bereiche ist entscheidend, denn ohne Balance können wir nicht langfristig produktiv arbeiten. Warum? Wenn du krank bist, Geldsorgen oder ständig Streit in deiner Partnerschaft hast, bist du nicht voll leistungsfähig. Ein weit verbreiteter Glaube ist, dass unsere Lebensbereiche miteinander konkurrieren. Doch das stimmt nicht. Viele denken, dass sie Zeit gewinnen, wenn sie einen Bereich vernachlässigen. Doch das macht alles nur noch schlimmer!

Stell dir ein Stück Papier vor: Wie viele Ecken hat es? Vier – wie jedes rechteckige Blatt. Jetzt stell dir vor, du schneidest eine Ecke ab, um „Zeit zu sparen". Wie viele Ecken hat das Blatt jetzt? Fünf! Genau das passiert, wenn wir einen Lebensbereich vernachlässigen: Statt weniger Arbeit oder Stress entstehen immer neue Probleme, die uns noch mehr belasten.

Unsere Lebensbereiche konkurrieren nicht miteinander – sie unterstützen sich gegenseitig! Deshalb ist es so wichtig, die Balance zwischen ihnen zu finden. Natürlich gibt es kaum eine perfekte Ausgewogenheit an jedem einzelnen Tag. So isst du zum Beispiel an manchen Tagen etwas ungesünder. Das ist nicht schlimm, solange du im Allgemeinen auf eine gesunde Ernährung achtest. Oder du bist zwei Tage lang auf Reisen und kannst deshalb dein Sportprogramm nicht durchziehen. Kein Problem, solange du danach wieder dran bleibst! Vielleicht hast du eine stressige Projektphase und sagst deinem Partner respektive deiner Partnerin, dass du dich aus diesem Grund in den kommenden zwei Wochen weniger ins Familienleben einbringen wirst können. Das wird verständlich sein, wenn du ansonsten präsent bist und auch ihm beziehungsweise ihr umgekehrt von Zeit zu Zeit den Rücken freigehalten hast.

Alles ist eine Frage der Balance. Unser Ziel sollte es sein, das Gleichgewicht langfristig zu halten. Ob du in einem Bereich bereits aus dem Gleichgewicht geraten bist, kannst nur du selbst beurteilen. Es geht hier allein um dein persönliches Empfinden!

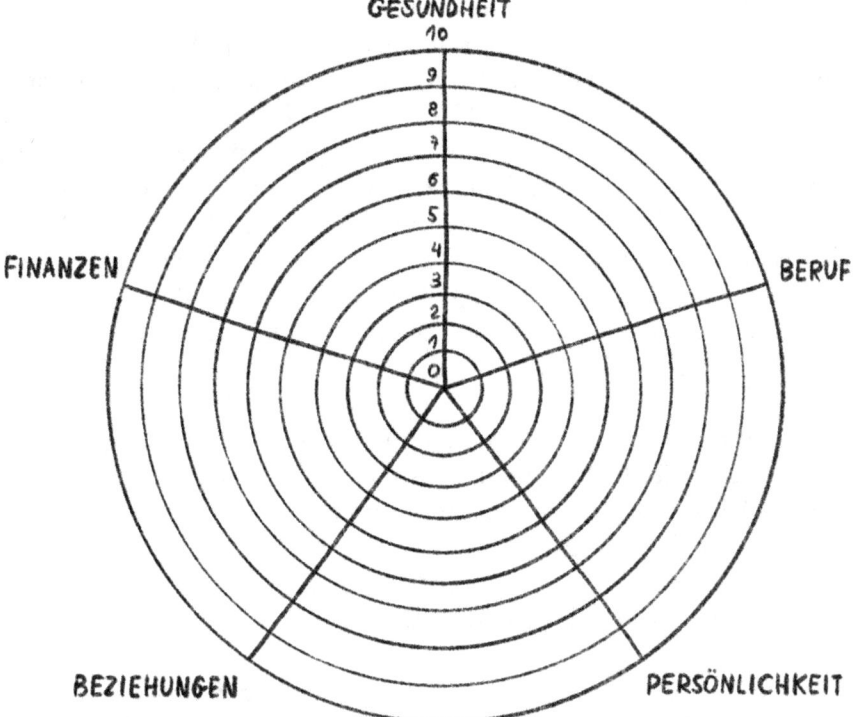

Abb. 7.2 Deine Lebensbereiche im Überblick. (© Blanka Vötsch. All rights reserved)

Beschäftige dich am besten jetzt gleich mit deinen fünf Lebensbereichen! Im Folgenden habe ich dir einige Informationen zu jedem Bereich und außerdem jeweils ein paar Fragen dazu zusammengestellt, die du genau so durchgehen und für dich beantworten kannst. Für eine bessere Übersicht kannst du deine Einschätzung außerdem in die Grafik eintragen Abb. 7.2.

> **Wichtig!**
> Es geht nicht darum, überall zehn Punkte zu haben! Wir entwickeln uns ständig weiter und wenn du deine nächsten Ziele erreicht hast, verschieben sich die Grenzen des Möglichen immer weiter nach außen.

Gesundheit: dein Fundament

Gesundheit ist nicht einfach nur die Abwesenheit von Krankheit. Sie ist das Fundament für alles andere in deinem Leben. Gerade in stressigen Phasen neigen wir dazu, unsere Gesundheit als Erstes zu vernachlässigen: Wir achten nicht mehr auf die Ernährung, essen entweder gar nicht oder nebenbei, während wir arbeiten. Bewegung? Fehlanzeige. Wir sitzen zu viel – tagsüber vor dem Computer, abends vor dem Fernseher. Mit der Zeit entstehen so Verspannungen, Nacken- und Kopfschmerzen. Auch ungelöste Konflikte im Arbeitsumfeld oder zu Hause wirken sich negativ auf deine Gesundheit aus. Und sogar der Schlaf leidet.

Stell dir folgende Fragen:

- Wie fit fühle ich mich morgens nach dem Aufwachen?
- Gehe ich voller Energie durch den Tag?
- Habe ich am Abend noch Lust auf Aktivitäten oder ziehe ich mich lieber auf das Sofa zurück?
- Wie fit fühle ich mich körperlich? Bin ich noch gut in Form oder verliere ich langsam meine Kondition?

Wenn du mit deiner Gesundheit rundum zufrieden bist, dann gib dir zehn Punkte! Fühlst du dich hingegen oft müde und unwohl, dann notiere eine entsprechend niedrigere Zahl.

Persönlichkeit: kontinuierliches Wachsen

Persönliche Entwicklung endet nie. Sie ist der Schlüssel zu einem erfüllten Leben. Es ist leicht, in den täglichen Pflichten steckenzubleiben und dabei das eigene Wachstum zu vernachlässigen. Doch stagnierst du zu lange, fühlst du dich schnell unzufrieden.

Überlege:

- Bist du zufrieden mit deiner aktuellen Entwicklung?
- Wann habe ich zuletzt etwas Neues gelernt?
- Bist du in deiner Entwicklung stehengeblieben oder bleibst du in Bewegung?
- Nimmst du dir Zeit für dich selbst?

- Entscheidest du aktiv über dein Leben oder lässt du dich von äußeren Umständen leiten?
- Hast du Hobbys, die dich erfüllen? Oder verschiebst du alles auf später?

Gib dir zehn Punkte, wenn du dich in deiner Entwicklung erfüllt fühlst! Wenn du das Gefühl hast, stillzustehen, gib dir entsprechend weniger.

Finanzen: deine Basis für Freiheit
„Geld ist nicht alles, aber ohne Geld ist alles nichts!" Als ich diesen Satz vor vielen Jahren bei einem Seminar hörte, war ich zuerst ein wenig empört, dann sehr verwundert. Es haben sich viele zu Wort gemeldet und sagten genau das, was ich mir dachte: „Gesundheit ist doch das Wichtigste im Leben! Und Liebe! Und Freiheit!" Dann stand meine Sitznachbarin auf und bat ums Mikrofon. Sie erzählte uns, dass sie vor einigen Jahren die Diagnose „Krebs" bekommen hatte. Wir erfuhren, dass sie sich allein mit drei kleinen Kindern der Chemotherapie und allem, was dazugehört, gestellt hat. Zum Schluss sagte sie: „Ich konnte mich auf meine Genesung konzentrieren, weil ich durch meine Eltern finanziell gut abgesichert war. Ich konnte es mir leisten, nicht zu arbeiten und jemanden dafür bezahlen, auf meine Kinder aufzupassen, während ich bei der Chemo war – und an Tagen, an denen es mir schlecht ging, für uns einzukaufen und für uns zu kochen. Hätte ich mir auch noch darum Sorgen machen müssen, wie ich unsere Miete zahlen sollte, wäre ich sicher nicht gesund geworden und meine Kinder hätten keine Mutter mehr. Heute bin ich aus eigener Kraft finanziell abgesichert und weiß, dass das so stimmt: Geld ist nicht alles, aber ohne Geld ist alles nichts." Als sie sich setzte, war es zunächst still im Saal. Jetzt verstanden wir, was mit dieser Aussage gemeint war: Geldsorgen treiben uns in Situationen, in denen wir uns nicht gut entscheiden können. Dann leben wir in ständiger Angst, ob das Geld noch bis zum Ende des Monats reichen wird. Darum ist es auf jeden Fall sinnvoll, dich rechtzeitig um deine Finanzen zu kümmern und Reserven für Notfälle anzulegen. Wenn du zum Beispiel deinen Job verlierst, macht es einen Unterschied, ob du sofort eine neue Anstellung als Geldquelle brauchst oder ob du weißt, dass du dich und deine Familie einige Monate lang problemlos versorgen kannst. In diesem Fall

müsstest du nicht den erstbesten Job annehmen. Finanzielle Sicherheit bedeutet Freiheit – die Freiheit, dich mit den Dingen zu beschäftigen, die wirklich zählen.

Frage dich:

- Wie hoch sind meine Rücklagen? Könnte ich mehrere Monate ohne Einkommen überstehen?
- Mache ich mir regelmäßig Sorgen um Geld?
- Wie gut bin ich auf unvorhergesehene finanzielle Belastungen vorbereitet?
- Wie hoch sind meine Schulden? Kann ich die Raten für einen etwaigen Kredit auch in Zukunft zurückzahlen?
- Wie sieht meine finanzielle Zukunft aus? Weiß ich, wie viel Rente ich bekommen werde?

Wenn du dich finanziell sicher fühlst, gib dir zehn Punkte, doch falls Geld deine größte Sorge ist, eine entsprechend niedrigere Zahl!

Berufung: Arbeit, die erfüllt
Wir verbringen einen großen Teil unseres Lebens mit Arbeiten. Machst du in dieser Zeit etwas, das dich erfüllt? Oder zählst du die Tage bis zum nächsten Urlaub? Viele Menschen warten die ganze Woche auf den Freitag und leben nur für das Wochenende. Doch Arbeit kann mehr sein: Sie kann uns inspirieren und wachsen lassen.

Sei ehrlich zu dir:

- Liebst du, was du tust, oder ist es nur eine Pflicht?
- Freust du dich auf den Montag oder sehnst du dich schon am Mittwoch nach dem Wochenende?
- Warum arbeitest du in deinem jetzigen Bereich? Hast du dich bewusst dafür entschieden oder hat es sich einfach so ergeben?
- Fällt es dir schwer, Pausen einzulegen, weil dir deine Arbeit so viel Spaß macht?

Wenn du deinen Job liebst, gib dir zehn Punkte und wenn du dich jeden Tag zur Arbeit schleppst, entsprechend weniger!

Beziehungen: glücklich und stark durch Verbundenheit
Die Gemeinschaft ist die Basis unseres Lebens, denn wir Menschen sind soziale Wesen. Egal ob Partnerschaft, Freundschaft oder die Beziehung zu uns selbst – all das gibt uns Kraft. Doch oft vernachlässigen wir unsere Beziehungen, besonders in stressigen Zeiten. Eine funktionierende Beziehung gibt dir Rückhalt, aber wenn du sie vernachlässigst, kann das langfristig große Probleme schaffen.

Vergiss auch nicht die Beziehung zu dir selbst. Wenn du dich selbst übergehst, zu wenig Pausen machst und dich ausbrennst, hat niemand etwas davon.

Überlege:

- Wie präsent bin ich in meinen Beziehungen? Bin ich wirklich da oder nur körperlich anwesend?
- Falls du eine Partnerschaft hast: Unterstützt mich meine Partnerschaft, belastet sie mich oder leidet sie unter meinem Stress?
- Falls du eine Partnerschaft hast: Unterstützt mich mein Partner bzw. meine Partnerin, und unterstütze ich ihn bzw. sie umgekehrt auch?
- Falls du Single bist: Fühlst du dich wohl in deinem Leben und genießt deine Unabhängigkeit?
- Falls du Single bist: Bist du mit dir selbst im Reinen, und kannst du Zeit mit dir selbst als bereichernd erleben?
- Falls du Single bist: Welche Beziehungen – zu Freunden, Familie oder dir selbst – geben dir Stabilität und Zufriedenheit?
- Wenn du Kinder hast: Verbringst du genug Zeit mit ihnen? Hörst du ihnen auch wirklich zu, wenn sie dir etwas erzählen?
- Nimmst du dir genug Zeit für dich selbst, um Energie zu tanken?
- Fühlst du dich glücklich und erfüllt in deinen Beziehungen?

Wenn du in deinen Beziehungen Erfüllung und Unterstützung findest, gib dir zehn Punkte! Wenn du das Gefühl hast, dass hier etwas aus der Balance geraten ist, bewerte diesen Bereich entsprechend niedriger.

Das Leben ist ein ständiges Ausbalancieren der fünf genannten Bereiche. Sie sind alle miteinander verbunden, und wenn einer ins Ungleichgewicht gerät, beeinflusst das auch die anderen. Sei ehrlich zu dir selbst und überlege, wo du ansetzen kannst, um dein Leben in jedem Bereich in Balance zu bringen!

Wie sieht dein Diagramm aus? Es ist eben nicht das Ziel, dass du überall zehn Punkte hast. Das schafft niemand. Du kannst aber in Bezug auf alle fünf Bereiche überlegen:

- Womit bin ich glücklich?
- In welchem Bereich passt es mir nicht und warum?

Zeichne gerne in einer anderen Farbe, was du dir vorstellst, also wie du dir den jeweiligen Bereich wünschst, siehe Abb. 7.3!

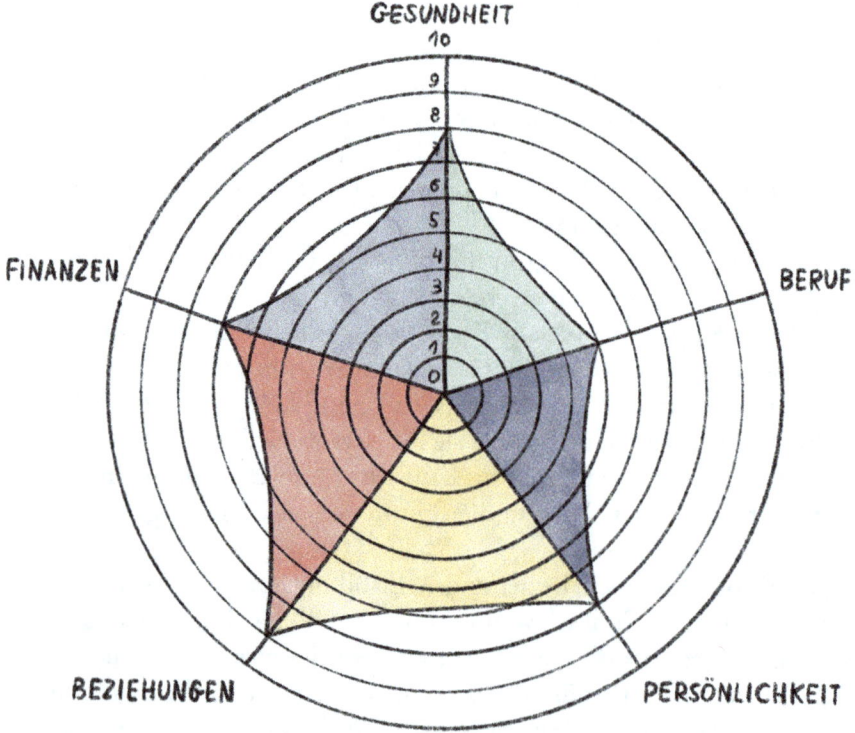

Abb. 7.3 Wie ausgewogen ist dein Leben? (© Blanka Vötsch. All rights reserved)

Überlege, welche Veränderungen du genau forcieren möchtest und definiere dazu konkrete Ziele. Da du aber nicht an zu vielen Dingen gleichzeitig effizient arbeiten kannst, empfehle ich dir, höchstens drei Ziele zu priorisieren. Ob es sich dabei um berufliche oder private Ziele handelt, spielt keine Rolle. Wenn du siehst, dass in mehreren Bereichen etwas passieren muss, dann berücksichtige auch, ob deine Ziele sich gegenseitig unterstützen oder einander vielleicht behindern. Als Beispiel: Wenn du dich beruflich weiterentwickeln und mehr Geld verdienen möchtest, ergänzt sich das ideal. Wenn deine Partnerschaft aber auch mehr Aufmerksamkeit benötigen würde, musst du zunächst sehen, wie du damit umgehst. Denn sowohl die berufliche Veränderung als auch die Partnerschaft braucht Zeit und Energie. Eine Möglichkeit wäre es, fixe Partnerzeiten zu vereinbaren, damit die Beziehung genug Zeit und Aufmerksamkeit bekommt.

Alle fünf Lebensbereiche sind wichtig, aber nicht gleichermaßen bedeutsam. Stell dir vor, du jonglierst – in der einen Hand Gummibälle, in der anderen Glasbälle. Fällt dir ein Gummiball aus der Hand, springt er zurück und du kannst ihn wieder auffangen. Fällt jedoch ein Glasball zu Boden, kann er beschädigt werden oder sogar zerbrechen. Dieser Schaden ist möglicherweise nie wieder gutzumachen. siehe Abb. 7.4.

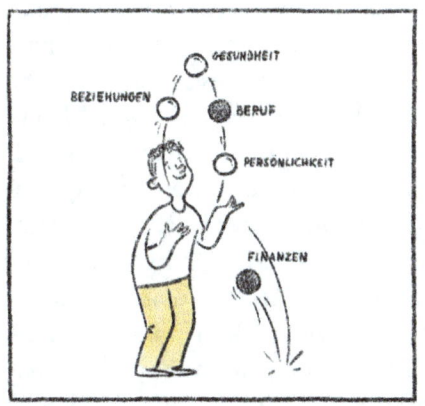 

Abb. 7.4 Achte auf dein Gleichgewicht – nicht alles lässt sich einfach auffangen. (© Blanka Vötsch. All rights reserved)

»Jongliere achtsam mit deinen Lebensbereichen!

Finanzen und Beruf sind wie die Gummibälle: Sie sind wichtig, doch wenn du sie eine Zeit lang vernachlässigst, hast du eine gute Chance, sie wieder in den Griff zu bekommen. Die Glasbälle dagegen symbolisieren deine Gesundheit, deine Beziehungen und deine Persönlichkeit. Lässt du diese Bereiche zu lange außer Acht, kann der Schaden irreparabel sein. Ich habe das leider schon oft gesehen: Menschen, die beruflich alles erreicht, aber ihre Gesundheit dabei verloren haben. Und dann stellen sie sich die Frage: „Wofür habe ich mich all die Jahre so abgemüht?" Sie können ihre Erfolge schließlich nicht genießen, weil sie krank sind. Oder sie haben ihre Familie oder Partnerschaft so lange hinten angestellt, dass es zur Trennung kommt. Dann fragen sie sich plötzlich: „Für wen habe ich so viel gearbeitet? Ich habe es doch für die Familie getan ..." Deshalb ist es so wichtig, dass wir die Balance halten. Beruf und Finanzen sind zweifellos bedeutend, aber sie dürfen nicht langfristig über unsere Gesundheit, unsere Beziehungen oder unsere Persönlichkeitsentwicklung gestellt werden.

Ich war selbst schon an dem Punkt, an dem meine Lebensbereiche nicht mehr in Balance waren. Wie ich dir zu Beginn erzählt habe, hatte ich eine Zeit lang meine Gesundheit arg vernachlässigt und das hat irgendwann schlimme Folgen gehabt. Daher weiß ich aus eigener Erfahrung, wie schmerzhaft eine solche Situation sein kann. Wenn du nicht gesund bist, scheint plötzlich all die Arbeit und alles, was du aufgebaut hast, sinnlos. Genau deshalb erzähle ich dir von meiner Erfahrung – damit dir das nicht passiert. Nur du kannst beurteilen, wie es dir gerade in den einzelnen Lebensbereichen geht. Eine ehrliche Analyse deiner aktuellen Situation ist hier sehr hilfreich. Erinnerst du dich? Klarheit ist Macht. Du musst diese Erkenntnisse mit niemandem teilen, wenn du nicht möchtest. Wichtig ist nur, dass du Klarheit gewinnst und dann entscheiden kannst, ob du etwas verändern willst oder nicht.

7.4 Später ist es zu spät

Ich habe dir schon erzählt, dass sich meine Eltern während meiner Kindheit getrennt haben. Was ich noch nicht erzählt habe: Sie wurden wieder ein Paar, als ich bereits studierte. Ja, richtig gelesen! Für mich klang das zunächst auch komisch. Sie heirateten sogar noch einmal. Jedenfalls hatten sie schon während ihrer ersten Ehe den Wunsch gehegt, einmal nach Wien zu reisen. Doch in ihrer Jugend hatte sich diese Gelegenheit nie ergeben und später ging alles andere vor: Haus bauen, Kinder bekommen, Schulden abbezahlen – es war immer irgendetwas, das eine Reise in die österreichische Hauptstadt verhindert hat. Ich kam mit 18 Jahren nach Graz, um dort zu studieren und zu arbeiten. Viele Jahre später, als ich mir hier ein neues Leben aufgebaut hatte, kamen mich meine Eltern im Sommer besuchen und ich wollte mit ihnen nach Wien fahren. Doch damals hatte mein Vater gerade zwei Herzinfarkte hinter sich und war sehr schwach. Er meinte, er würde sich dann in der Pension erholen. Er trat seine Pension zu Jahresbeginn an, doch seine Gesundheit war inzwischen erheblich angeschlagen. Wir hatten die Reise nach Wien für September des kommenden Jahres geplant. Doch er starb im August. Das machte mich nachdenklich. Wie oft schieben wir etwas vor uns her? Dinge, die uns wichtig wären – weil wir glauben, zuerst noch etwas anderes erledigen/beenden/vollbringen zu müssen? Was ist es bei dir? Reisen? Dich für einen Monat in ein Kloster zurückziehen? Den Jakobsweg gehen? Wir denken uns allzu oft: „Ich mache diese Reise, sobald ich mit der Ausbildung fertig bin." Doch dann haben wir meistens nicht genug Geld dafür. „Wenn ich diesen Job bekomme und endlich genug Geld habe, dann mache ich diese Reise." Doch dann fehlt uns die Zeit, denn „mehr als zwei Wochen Urlaub am Stück sind unmöglich bei diesem Termindruck". Dann bauen wir ein Haus und wollen sparen. Doch „wenn das Haus fertig ist, dann reisen wir endlich gemeinsam!" Aber dann kommt es wieder anders: „Hoppala, das erste Kind ist da! Na ja, dann verreisen wir eben später." Doch dann kommen unter Umständen weitere Kinder. „Nun ja, wenn die Kinder aus dem Haus sind ..." Aber dann denken wir: „Jetzt bin ich schon ganz schön alt. Ob ich noch so viel Energie aufbringe? Und außerdem will ich nicht riskieren, wegen einer langen Reise

Abb. 7.5 Wenn du wartest, bis alles passt, verpasst du vielleicht alles. (© Blanka Vötsch. All rights reserved)

gekündigt zu werden. Wer stellt mich schon ein mit 50 plus? Dann muss die Weltreise eben noch ein paar Jahre warten. Machen wir sie doch in der Pension, ist jetzt auch schon egal!" Und dann stirbst du vielleicht kurz vor der Pensionierung. Und dein Traum von der Weltreise stirbt mit dir … Abb. 7.5

Ich finde das unheimlich traurig. Ich sehe so viele Menschen, die ihr Leben aufschieben und dabei nicht merken, wie ihnen die Zeit zwischen den Fingern verrinnt. Natürlich können wir nicht alles immer sofort umsetzen, sofort haben, sofort tun. Doch diese eine Herzenssache – wenigstens die sollten wir angehen! Es gibt unzählige inspirierende Bücher zu diesem Thema. Vielleicht hast du schon eines davon gelesen. Doch was passiert, wenn wir so etwas lesen? Wir nicken: „Ja das ist richtig, das sollte ich tun." Wir schreiben vielleicht eine Bucketlist, doch in der Regel passiert danach: NICHTS. Zero. Weil die Umsetzungsstärke fehlt. Das soll dir nicht passieren!

Für mich ist „später" das traurigste Wort überhaupt. Denn aus „später" wird ganz oft „nie". Und irgendwann kommt der letzte Tag. Und die traurigste Vorstellung für mich ist nicht, dass ich einmal sterben werde, sondern dass ich kurz vor dem Sterben auf mein Leben zurückblicke und feststelle, das, was ich wirklich machen wollte, nicht getan zu haben. Und dann sterbe ich in dem Wissen, dass ich mein ganzes Leben lang alles

Wichtige auf ein vermeintliches Später aufgeschoben habe. Später ist ein Wunschzeitpunkt in der Zukunft, an dem wir all die Dinge tun können, die wir uns wünschen. Doch allzu oft verwandelt sich dieses vermeintlich harmlose Wort in ein bedauerliches Nie. Wir schieben wichtige Entscheidungen und Handlungen auf, weil wir glauben, dass wir in der Zukunft mehr Zeit, mehr Geld oder mehr Energie haben werden. Doch diese Annahme kann sich als fataler Trugschluss erweisen. Das Leben ist vergänglich und die Zeit vergeht unaufhaltsam. Indem wir wichtige Dinge immer wieder aufschieben, versäumen wir kostbare Momente und wertvolle Gelegenheiten. Wir verlieren uns in einem ständigen Warten auf den perfekten Zeitpunkt – ohne zu realisieren, dass dieser Zeitpunkt nie kommen wird. Das Aufschieben wichtiger Entscheidungen kann auch zu tiefem Bedauern führen. Wir könnten uns fragen, was gewesen wäre, wenn wir den Mut gehabt hätten, unseren Herzenswünschen zu folgen. Die Angst vor Veränderungen und Unbekanntem kann uns in unserer Komfortzone gefangen halten, aber es ist wichtig zu verstehen, dass Wachstum und Erfüllung oft nur außerhalb dieser Zone stattfinden.

Die Zeit ist das wertvollste Gut, das wir haben. Du kannst sie nicht zurückholen. Das muss dir bewusst sein! Wir sollten uns fragen, was wirklich wichtig ist und was uns wirklich erfüllt. Anstatt in einem endlosen Später zu verharren, sollten wir den Mut aufbringen, unsere Träume zu verwirklichen und unsere Ziele zu verfolgen.

7.5 Es geht sich nicht alles aus!

Du kannst nicht alles tun und erleben in diesem Leben. Deine Lebenszeit ist nicht unendlich. Wenn du das akzeptierst, erleichtert es vieles. Denn dann hörst du vielleicht auf, alles in den Tag, ins Jahr, in dein Leben stopfen zu wollen. Fakt ist: Du wirst nie alle To-dos erledigen, nicht alle schönen Orte besuchen, nicht alle guten Bücher lesen, nicht jede Sportart ausprobieren, nicht jedes Instrument spielen und auch nicht jedes mögliche andere Hobby ausüben können. Du kannst dich einfach nicht zerreißen. Ein Tag hat für jeden von uns 24 h. Wenn du die Zeit für Schlafen, Essen, Körperpflege und ein Minimum an sozialen Kontakten abziehst, wirst du sehen, wie viel Zeit dir noch für alles andere bleibt – fürs

Arbeiten, Pendeln, für Familie, Freunde, Sport, Hobbys, Kultur, Reisen, Gartln, Lesen und was auch immer dir wichtig erscheint. Es geht sich nicht alles aus. Punkt. Egal, wie effizient du deine Tage gestaltest – das Leben reicht nicht für alles, was wir im Sinn haben. Und das ist gar nicht schlimm! Denn wenn wir uns entscheiden, eine Sache zu tun, unsere Zeit mit jemandem zu verbringen, bekommt diese gemeinsam verbrachte Zeit noch mehr Bedeutung: Es zeigt, dass uns diese Person wichtig ist – so wichtig, dass wir sogar unsere begrenzte Lebenszeit mit ihr verbringen möchten. So plump das auch klingt – es ist die Wahrheit. Daher überlege dir das nächste Mal gut, wenn du deine Zeit mit einer Tätigkeit vergeudest, die du eigentlich nicht tun möchtest, oder wenn du sie mit einer Person verbringst, die du gar nicht leiden kannst.

7.6 „Nein" sagen lernen

Es fällt uns oft schwer, „nein" zu sagen, doch das ist ein wesentlicher Baustein für ein entspanntes Leben. Solange wir zu allem „Ja" sagen, werden wir mit Aufgaben überfrachtet. Planst du deine Zeit nicht selbst, wird sie für dich verplant. Bestimmst du nicht, was du machen willst, wirst du das tun, was andere von dir wollen. Wie ich vorhin schon festgestellt habe: Zeit ist das kostbarste Gut, das du hast, und du kannst sie nicht zurückholen. Daher überlege gut, wofür du sie verwendest.

Im Alltag fordern viele Menschen unsere Zeit und Energie. Je mehr Rollen wir haben, desto mehr Verpflichtungen kommen dazu. Familie, Freunde, Kollege – jeder hat Erwartungen. Du musst nicht jede Bitte ablehnen, aber überlege das nächste Mal gut, ob du deinem Freund wirklich beim Umzug helfen, die Oma abholen oder in Wahrheit etwas ganz anderes tun möchtest. Willst du es wirklich? Super, dann mach es! Wenn nicht, sei dir bewusst: Jedes „Ja", das nicht von Herzen kommt, ist ein „Nein" zu dir selbst. Es wird dich in den betreffenden Situationen vermutlich ärgern, dass du zugesagt hast – und du verlierst wertvolle Zeit für deine eigenen Aufgaben oder für deine Erholung.

Warum haben wir Angst, „Nein" zu sagen? Weil wir Ablehnung fürchten. Doch es ist wichtig, dass wir Verantwortung für unser eigenes Leben übernehmen. Denk nächstes Mal nach, bevor du automatisch zusagst.

Meistens wird ein „Nein" gut angenommen, wenn es begründet ist oder Alternativen vorgeschlagen werden. Hier ein paar Strategien:

- Antworte nicht sofort, sondern bitte um Bedenkzeit!
- Begründe dein „Nein": „Ich kann jetzt nicht spielen, denn ich muss noch arbeiten."
- „Ja" sagen mit Aufschub: „Diese Woche geht es nicht, aber wie wäre es nächste Woche?"
- Eine Gegenleistung erbitten: „Ich helfe dir, aber kannst du dafür XY übernehmen?"
- Konsequenzen aufzeigen: „Wenn ich das vorziehe, wird Aufgabe X später fertig."
- An Abmachungen erinnern: „Wir hatten abgemacht, dass Projekt X Vorrang hat."

Übrigens: Auch Kinder dürfen lernen, dass sie nicht immer sofort alles bekommen. Es ist wichtig, ihnen beizubringen, dass Warten okay ist.

7.7 Leben im Hier und Jetzt

Hast du dich schon einmal wochen- oder sogar monatelang auf etwas gefreut? Auf Weihnachten? Auf ein besonderes Ereignis? Vielleicht auf deinen Schulabschluss oder deine Hochzeit? Wenn der Moment dann endlich da ist, passiert oft alles so schnell, und plötzlich denken wir: „Was? Schon vorbei?" So ging es mir vor großen Auftritten: Wochen- und monatelang bereitete ich mich darauf vor und erwartete den Tag mit Spannung. Dann stand ich auf der Bühne, war voll und ganz im Moment – und danach dachte ich immer: „So schnell vorbei? Schade ..."

Falls du dir jetzt denkst: „Aber Blanka, soll ich mich etwa nicht auf zukünftige Ereignisse freuen?", möchte ich dir sagen: Doch, natürlich sollst du das! Ich habe gelernt, dass es wunderschön ist, sich auf etwas zu freuen. Gleichzeitig sollten wir aber auch die Zeit bis zum betreffenden Ereignis bewusst wahrnehmen und genießen. Wenn du auf ein Ziel hinarbeitest und nur auf das Ankommen fixiert bist, besteht die Gefahr, dass du den Weg dorthin übersiehst oder als lästiges Hindernis betrachtest. Doch der

Weg ist ein wesentlicher Teil des Erreichens. Genieße den Prozess und sei dir bewusst: Jeder Tag ist dazu da, gelebt zu werden! Dann wird das Erreichen deiner Ziele noch viel erfüllender.

Es ist schwer, ständig im gegenwärtigen Moment zu sein. Wann bin ich wirklich im Hier und Jetzt? Bei mir passiert das oft, wenn ich meditiere, beim Malen, beim Tanzen, in der Oper oder wenn ich mit den Kindern spiele. Dann bin ich nur im Moment, ohne an etwas anderes zu denken. Aber meistens sind wir mit unseren Gedanken entweder in der Vergangenheit oder in der Zukunft: Wir denken darüber nach, was gestern, vorige Woche oder vergangenes Jahr passiert ist. Oder wir planen, was morgen oder in der kommenden Woche ansteht: wie der Vortrag morgen wohl läuft, wo wir als Nächstes hinreisen, was wir zu Weihnachten schenken.

Kinder leben viel mehr im Hier und Jetzt als wir Erwachsenen. Wenn sie spielen, tun sie nichts anderes. Sie sind völlig vertieft, hören nicht einmal, wenn man sie ruft – es sei denn, man sagt „Schokolade". Natürlich fiebern auch sie der Zukunft entgegen, wie zum Beispiel dem nächsten Geburtstag oder Weihnachten. Es ist auch bei uns Erwachsenen nichts falsch daran, wenn wir uns auf das Wochenende, den Urlaub oder Weihnachten freuen. Das Problem entsteht erst, wenn wir den Moment nicht mehr genießen können, weil wir ständig in Erinnerungen schwelgen oder uns um die Zukunft sorgen.

> Ein Beispiel: Wir machen so viele Fotos von den Orten, an denen wir sind, dass wir die Umgebung selbst kaum noch wahrnehmen. Eine Bekannte von mir sagte einmal im Central Park, während sie mit ihrem Handy ständig Fotos machte: „Es ist so wunderschön hier, ich muss unbedingt nochmal nach New York!" Ich war überrascht und sagte: „Du bist doch gerade hier, warum siehst du es dir nicht jetzt an?" Da packten wir unsere Handys weg und nahmen den Moment bewusst wahr.

Du fragst dich, warum es uns so schwerfällt, im Moment zu bleiben? Unser Gehirn ist darauf programmiert, ständig nach potenziellen Gefahren Ausschau zu halten. Das hat in der Vergangenheit unsere Überlebenschancen erhöht. Doch heute schweben wir nicht mehr in ständiger Gefahr – zumindest nicht in der westlichen Welt. Trotzdem denken wir viel zu oft an morgen oder übermorgen, anstatt den Moment zu genießen. Wir machen uns Vorwürfe wegen vergangener Fehler oder ärgern uns über Dinge, die lange zurückliegen. Oder wir sorgen uns um die Zukunft und denken ständig darüber nach, was wir morgen noch erledigen müssen. Wie können wir das ändern? Wie können wir den Moment bewusst wahrnehmen, ohne stundenlang zu meditieren oder Räucherstäbchen anzuzünden? Natürlich gibt es Achtsamkeitskurse, Meditationsretreats und Apps, die dabei helfen können. Du kannst das alles ausprobieren und herausfinden, was dir guttut. Aber es gibt auch etwas, das du sofort tun kannst: Schließe die Augen, atme ein paar Mal tief ein und aus. Versuche, deinen Körper zu entspannen und zu spüren. Was hörst du? Wie fühlt sich dein Körper an? Was fühlst du gerade? Diese Mini-Übung kannst du jederzeit und überall machen, um im Moment anzukommen.

Auch beim Essen kannst du Achtsamkeit üben: Lege dein Handy weg und konzentriere dich nur auf das Essen! Du wirst die Aromen intensiver wahrnehmen und wahrscheinlich langsamer und bewusster essen. Beim Gehen kannst du dich auf deine Umgebung konzentrieren: Wie riecht es? Wie fühlt sich die Temperatur an? Spürst du den Wind auf deiner Haut? Singen die Vögel? Oft sind es die kleinen Dinge im Leben, die uns die schönsten Momente schenken. Darum nimm dir abends Zeit, um über deinen Tag nachzudenken: Was ist gut gelaufen? Was hast du gelernt? Was hast du für dich selbst und andere getan? Wofür bist du dankbar? Diese kleinen Übungen kosten dich wenig Zeit, schenken dir aber so viel mehr.

7.8 Wie ich meinen Flow wiederfand – und wie du dasselbe schaffst

Als ich vor Jahren von einer Krise in die nächste schlitterte, sah ich zunächst nicht, wie ich das ändern könnte. Krisen bringen mit sich, dass unsere Wahrnehmung eingeschränkt wird. „Wie konnte es nur so weit kommen, dass ich mich krank gearbeitet hab und dass ich mich zu nichts mehr fähig fühle?" Aber ich wusste aus Erfahrung, dass ich gut darin bin, mich aus hoffnungslos erscheinenden Situationen emporzuarbeiten.

Nachdem ich mich erholt und meine Gesundheit wieder halbwegs stabilisiert hatte, begann ich mich mit Zeit, Fokus und Produktivität zu befassen und dabei stieß ich auf das Phänomen des Flows. Alle Zeitmanagementexperten berichteten darüber und ich musste nicht lange nachdenken, um Beispiele dafür aus meinem eigenen Leben zu finden. Nur lagen all diese Erfahrungen schon recht lange zurück, denn mit den steigenden Herausforderungen, Job, Beziehung, Kindern, Haushalt und Co. fand ich kaum noch Zeit, um zu atmen, geschweige denn stundenlang in einer Aufgabe aufzugehen. Die unterbrechungsreiche Welt war auch zu meiner Gewohnheit geworden und so fiel es mir anfangs enorm schwer, mich über längere Zeit auf etwas zu konzentrieren. Selbst wenn ich mein Handy in einem anderen Raum ließ, konnte ich kaum fokussiert arbeiten. Immer war da noch etwas anderes, das mich gedanklich beschäftigte: Ich sah aus dem Fenster, ordnete die Dinge auf meinem Schreibtisch, verspürte den Wunsch, mir einen Tee zu machen oder Schokolade zu holen. Alles fiel mir ein, nur damit ich nicht hier sitzen und mich auf eine Sache konzentrieren musste. Dabei hat mir meine Arbeit Spaß gemacht und ich erinnerte mich daran, wie ich früher stundenlang gelesen, geschrieben, Konzepte entwickelt oder gezeichnet hatte, ohne auch nur aufzublicken. Ich kannte also diesen Flow-Zustand, ich musste nur den Weg dorthin wiederfinden. Natürlich fiel das im Büro noch schwieriger, denn auch die Kollegen waren es gewohnt, ständig zu unterbrechen. Ich hatte allerdings schon lange vor 2020 freitags Homeoffice und so begann ich, den Freitag zu meinem Fokustag zu machen. Ich probierte verschiedenste Tools aus, um mir meinen Fokus zurückzuholen. In den ersten Wochen musste ich mich disziplinieren, um meine Planung einzuhalten, und mich auch hinzusetzen, um das Geplante zu erledigen. Ich konnte mich auch nur 30 min konzentrieren. Nach drei Wochen war es kein Problem mehr, mit Fokuszeiten zu arbeiten und nach einem Monat konnte ich es kaum erwarten, mich meinen Aufgaben zu widmen. Konzentriert zu arbeiten, macht nämlich richtig Spaß! Zwei Monate später konnte ich es mir gar nicht mehr vorstellen, je anders gearbeitet zu haben. Ich feilte immer mehr an meinem System und so entstand die 3P-Methode.

Ich weiß heute aus eigener Erfahrung, dass wir es wieder lernen können, mit unserer Zeit umzugehen, unseren Fokus zu lenken und dadurch so viel mehr zu schaffen. Aber mehr noch: Mein ganzes Leben änderte sich positiv! Durch das konzentrierte Arbeiten erledigte ich mehr, dadurch war in der Freizeit mein Kopf frei und ich konnte für meine Familie präsent sein. Ich genoss plötzlich Spaziergänge, weil mich keine Sorgen wegen der nächsten Deadlines plagten – ich hatte schließlich einen guten Wochenplan. Durch regelmäßige Pausen und genügend Schlaf war ich nicht mehr gereizt und ich konnte auch viel lösungsorientierter und kreativer denken. Ich nahm mir wieder mehr Zeit für mich, bewegte mich regelmäßig, meditierte, nahm mir Auszeiten. Dadurch war ich noch energiereicher und motivierter bei der Arbeit und noch entspannter in der Freizeit. Das Familienleben entspannte sich auch und meine Lebensqualität war viel besser.

Das Leben kommt uns oft wie ein Rennen im Kreis vor. Doch in Wahrheit ist es eine Spirale. Die Frage ist nur: Läufst du abwärts oder aufwärts? Abb. 7.6

Ändere die Richtung noch heute – mit kleinen Schritten in Richtung eines entspannten, glücklichen und erfolgreichen Lebens!

Ich hoffe, dass mein Buch dir nicht nur Methoden aufgezeigt hat, sondern dir Zeitmanagement als eine Lebenseinstellung vermitteln konnte – damit du Zeit für all das hast, was dir wirklich wichtig ist. Die 3P-Methode und alle Techniken, die ich in diesem Buch dargestellt habe, sind zeitlos und universell anwendbar. Egal ob digital oder mit Stift und Papier – du kannst sie immer anwenden, in allen Bereichen des Lebens. Die digitalen Tools ändern sich schnell, in den nächsten Jahren wird es dank KI noch schneller gehen. Doch das System in diesem Buch kannst du unabhängig von den sich ändernden Tools verwenden. Hast du das Prinzip verstanden, so wirst du in allen Lebensbereichen nicht nur effizienter, sondern auch glücklicher sein.

> Mein letzter Tipp für dich: Lass dich nicht von der zunehmenden Komplexität der Welt überwältigen! Die Grundlagen in diesem Buch sollen dir als Kompass dienen, mit dessen Hilfe du dich immer wieder orientieren kannst, sobald das Leben chaotisch wird. Wenn die Zeit dich zu überfordern droht, dann wende deinen Blick kurz weg von der Uhr und hin zum Kompass, denn: Die Richtung ist wichtiger als die Geschwindigkeit. Und ich wünsche dir, dass du deine Steine immer weise wählst!

Abb. 7.6 Aufwärts oder abwärts – du entscheidest die Richtung! (© Blanka Vötsch. All rights reserved)

Notes

1. US-Schlafforschung: Matricciani, L., Olds, T. & Petkov, J. (2011). In search of lost sleep: Secular trends in the sleep time of school-aged children and adolescents. Sleep Medicine Reviews, 16(3), 203–211. https://doi.org/10.1016/j.smrv.2011.03.005.
2. Statista. (2025, 24. Juni). *Umfrage zur Schlafdauer der Deutschen in 2021.* https://de.statista.com/statistik/daten/studie/1277683/umfrage/schlafdauer-der-deutschen/.
3. Schlafgewohnheiten in Österreich: IMAS. *Die Österreichische Traumwelt.* (2024 19. März) https://www.imas.at/news/die-oesterreichische-traumwelt-im-durchschnitt-schlafen-wir-wochentags-7-2-stunden Zuletzt abgerufen am 30.06.2025.
4. Gangwisch, J. E. (2014). *A review of evidence for the link between sleep duration and hypertension.* American Journal of Hypertension, 27(10), S. 235–242. https://doi.org/10.1093/ajh/hpu071.
5. NIH/National Institute of Neurological Disorders and Stroke. Brain may flush out toxins during sleep; Sleep clears brain of molecules associated with neurodegeneration: Study. (2013, 13. Oktober). ScienceDaily. https://www.sciencedaily.com/releases/2013/10/131017144636.htm Zuletzt abgerufen am 27. November 2024.

6. Die Auswirkungen von Koffeinkonsum wurden bereits ausführlich erforscht: Kaster, M. P., Machado, N. J., Silva, H. B., Nunes, A., Ardais, A. P., Santana, M., Baqi, Y., Müller, C. E., Rodrigues, A. L. S., Porciúncula, L. O., Chen, J. F., Tomé, Â. R., Agostinho, P., Canas, P. M. & Cunha, R. A. (2015). Caffeine acts through neuronal adenosine A 2A receptors to prevent mood and memory dysfunction triggered by chronic stress. Proceedings Of The National Academy Of Sciences, 112(25), 7833–7838. https://doi.org/10.1073/pnas.1423088112.
7. Hvolby, A. (2014). Associations of sleep disturbance with ADHD: implications for treatment. *ADHD Attention Deficit And Hyperactivity Disorders*, 7(1), 1–18. https://doi.org/10.1007/s12402-014-0151-0.
8. Blasche, G., Medizinische Universität Wien, Zentrum für Public Health & Institut für Umwelthygiene. (o. D.). *Arbeitspausen – aus Sicht der Erholungsforschung*. https://www.blasche.at/fileadmin/docs/Publikationen/Arbeitspausen_aus_Sicht_der_Erholungsforschung.pdf Zuletzt aufgerufen am 29.6.2025.
9. De Bloom, J., Geurts, S. A. E. & Kompier, M. A. J. (2012). Vacation (after-)effects on employee health and well-being, and the role of vacation activities, experiences and sleep. Journal Of Happiness Studies, 14(2), 613–633. https://doi.org/10.1007/s10902-012-9345-3.
10. Kleyboldt, S. (2020, 16. Dezember). Beethovens Sinfonie Nummer 6 „Pastorale". domradio.de. https://www.domradio.de/artikel/sie-macht-den-komponisten-zum-botschafter-fuer-den-klimaschutz-beethovens-sinfonie-nummer-6 Zuletzt abgerufen am 17. Juni 2025.
11. Zeveloff, J. (2014, 28. Mai). Maya Angelou always rented a hotel room just for writing. Business Insider. https://www.businessinsider.com/maya-angelou-writing-process-2014-5 Zuletzt abgerufen am 16. Juni 2025.
12. Gorvett, Z. (2017, 12. Juni). What you can learn from Einstein's quirky habits. BBC Future. https://www.bbc.com/future/article/20170612-what-you-can-learn-from-einsteins-quirky-habits Zuletzt abgerufen am 30. Juni 2025.
13. Wolfsberger, J. (2018). *Schafft euch Schreibräume! Weibliches Schreiben auf den Spuren Virginia Woolfs. Ein Memoir*.
14. Frimmer, V. (2021, 25. Dezember). Powernap: Kurzer, leichter Schlaf erhöht die Kreativität. DIE WELT. https://www.welt.de/gesundheit/article235808082/Powernap-Kurzer-leichter-Schlaf-erhoeht-die-Kreativitaet.html Zuletzt abgerufen am 27. Juni 2025.

15. Welt. (2012, 30. August). Leute: Woody Allen sucht Inspiration unter der Dusche. DIE WELT. https://www.welt.de/newsticker/news3/article108874549/Woody-Allen-sucht-Inspiration-unter-der-Dusche.html Zuletzt abgerufen am 03. Februar 2025.
16. Nicht mehr, sondern weniger Arbeit erhöht unsere Produktivität und nebenbei auch die Gesundheit: Team, E. R. (2021, 22. Oktober). Arbeitspausen erhöhen die Produktivität und fördern die Gesundheit – Management. expertenReport. https://www.experten.de/id/4922728/arbeitspausen-erhoehen-die-produktivitaet-und-foerdern-die-gesundheit/ Zuletzt abgerufen am 30.06.2025.
17. Pöppel, E. (2021, 20. August) Man muss es in sich denken lassen. Forschung und Lehre https://www.forschung-und-lehre.de/zeitfragen/man-muss-es-in-sich-denken-lassen-3942 Zuletzt abgerufen am 17. Dezember 2024.
18. Vago, D. R. & Zeidan, F. (2016). The brain on silent: mind wandering, mindful awareness, and states of mental tranquility. *Annals Of The New York Academy Of Sciences, 1373*(1), 96–113. https://doi.org/10.1111/nyas.13171.

Literatur

Blasche, G. (o.J.). *Medizinische Universität Wien, Zentrum für Public Health & Institut für Umwelthygiene.* Arbeitspausen – aus Sicht der Erholungsforschung. https://www.blasche.at/fileadmin/docs/Publikationen/Arbeitspausen_aus_Sicht_der_Erholungsforschung.pdf. Zugegriffen am 29.06.2025.

De Bloom, J., Geurts, S. A. E., & Kompier, M. A. J. (2012). Vacation (after-)effects on employee health and well-being, and the role of vacation activities, experiences and sleep. *Journal of Happiness Studies, 14*(2), 613–633. https://doi.org/10.1007/s10902-012-9345-3

Frimmer, V. (2021, Dezember 25). Powernap: Kurzer, leichter Schlaf erhöht die Kreativität. *DIE WELT.* https://www.welt.de/gesundheit/article235808082/Powernap-Kurzer-leichter-Schlaf-erhoeht-die-Kreativitaet.html Zugegriffen am 27.01.2025.

Gangwisch, J. E. (2014). A review of evidence for the link between sleep duration and hypertension. *American Journal of Hypertension, 27*(10), 1235–1242. https://doi.org/10.1093/ajh/hpu071

Gorvett, Z. (2017, Juni 12). What you can learn from Einstein's quirky habits. *BBC Future*. https://www.bbc.com/future/article/20170612-what-you-can-learn-from-einsteins-quirky-habits. Zugegriffen am 30.06.2025.

Hvolby, A. (2014). Associations of sleep disturbance with ADHD: Implications for treatment. *ADHD Attention Deficit and Hyperactivity Disorders, 7*(1), 1–18. https://doi.org/10.1007/s12402-014-0151-0

IMAS. (2024, März 19). Die Österreichische Traumwelt – Im Durchschnitt schlafen wir wochentags 7,2 Stunden. *IMAS*. https://www.imas.at/news/die-oesterreichische-traumwelt-im-durchschnitt-schlafen-wir-wochentags-7-2-stunden. Zugegriffen am 30.06.2025.

Kaster, M. P., Machado, N. J., Silva, H. B., Nunes, A., Ardais, A. P., Santana, M., Baqi, Y., Müller, C. E., Rodrigues, A. L. S., Porciúncula, L. O., Chen, J. F., Tomé, Â. R., Agostinho, P., Canas, P. M., & Cunha, R. A. (2015). Caffeine acts through neuronal adenosine A 2A receptors to prevent mood and memory dysfunction triggered by chronic stress. *Proceedings of the National Academy of Sciences, 112*(25), 7833–7838. https://doi.org/10.1073/pnas.1423088112

Kleyboldt, S. (2020, Dezember 16). Beethovens Sinfonie Nummer 6 „Pastorale". *domradio.de*. https://www.domradio.de/artikel/sie-macht-den-komponisten-zum-botschafter-fuer-den-klimaschutz-beethovens-sinfonie-nummer-6. Zugegriffen am 17.06.2025.

Matricciani, L., Olds, T., & Petkov, J. (2011). In search of lost sleep: Secular trends in the sleep time of school-aged children and adolescents. *Sleep Medicine Reviews, 16*(3), 203–211. https://doi.org/10.1016/j.smrv.2011.03.005

NIH/National Institute of Neurological Disorders and Stroke. Brain may flush out toxins during sleep; Sleep clears brain of molecules associated with neurodegeneration: Study. (2013, Oktober 13). *ScienceDaily*. https://www.sciencedaily.com/releases/2013/10/131017144636.htm. Zugegriffen am 30.06.2025.

Pöppel, E. (2021, August 20). Man muss es in sich denken lassen. *Forschung und Lehre*. https://www.forschung-und-lehre.de/zeitfragen/man-muss-es-in-sich-denken-lassen-3942. Zugegriffen am 17.12.2024.

Statista. (2025, Juni 24). *Umfrage zur Schlafdauer der Deutschen in 2021*. https://de.statista.com/statistik/daten/studie/1277683/umfrage/schlafdauer-der-deutschen/. Zugegriffen am 30.06.2025.

Team, E. R. (2021, Oktober 22). Arbeitspausen erhöhen die Produktivität und fördern die Gesundheit – Management. *expertenReport*. https://www.experten.de/id/4922728/arbeitspausen-erhoehen-die-produktivitaet-und-foerdern-die-gesund-heit/. Zugegriffen am 30.06.2025.

Vago, D. R., & Zeidan, F. (2016). The brain on silent: mind wandering, mindful awareness, and states of mental tranquility. *Annals of the New York Academy of Sciences, 1373*(1), 96–113. https://doi.org/10.1111/nyas.13171

Welt. (2012, August 30). Leute: Woody Allen sucht Inspiration unter der Dusche. *DIE WELT*. https://www.welt.de/newsticker/news3/article108874549/Woody-Allen-sucht-Inspiration-unter-der-Dusche.html. Zugegriffen am 03.02.2025.

Wolfsberger, J. (2018). Schafft euch Schreibräume! Weibliches Schreiben auf den Spuren Virginia Woolfs. *Ein Memoir*. https://doi.org/10.7767/9783205208105

Zeveloff, J. (2014, Mai 28). Maya Angelou always rented a hotel room just for writing. *Business Insider*. https://www.businessinsider.com/maya-angelou-writing-process-2014-5. Zugegriffen am 16.06.2025.

Hat dir das Buch gefallen?

Herzlichen Glückwunsch, dass du das Buch bis zum Ende gelesen hast!

Ich hoffe, du konntest viele Impulse mitnehmen und setzt das Gelesene auch Schritt für Schritt in deinem Alltag um.

Wenn du ein paar Minuten Zeit hast, würde ich mich riesig freuen, wenn du eine kurze Rezension hinterlässt. Damit hilfst du nicht nur mir, sondern auch anderen Menschen, dieses Buch zu entdecken und ihre Zeit wieder bewusster zu gestalten. Vielen Dank dafür schon im Voraus! Bitte gehe dafür auf www.blankavoetsch.com/endlich-genug-zeit

Und wenn du mir Feedback geben, Fragen stellen oder einfach ein paar Gedanken loswerden möchtest: Schreib mir gerne! Du erreichst über www.blankavoetsch.com/kontakt.

Von Herzen danke!
Blanka

Buch aus – Leben an!

Das Buch zu lesen ist ein guter Anfang, aber echte Veränderung entsteht nur, wenn du das Gelesene wirklich umsetzt.

Damit dir das leichter fällt, findest du unter www.blankavoetsch.com/endlich-genug-zeit Materialien, Vorlagen und Videos, die dich bei der Umsetzung unterstützen.

Ich teile dort auch regelmäßig neue Tools, praktische Tipps und Updates, die dir helfen, produktiv zu arbeiten und dabei deine Lebensqualität nicht aus den Augen zu verlieren.

Du bist nur einen Klick entfernt vom leichteren Leben.

GPSR Compliance

The European Union's (EU) General Product Safety Regulation (GPSR) is a set of rules that requires consumer products to be safe and our obligations to ensure this.

If you have any concerns about our products, you can contact us on

ProductSafety@springernature.com

In case Publisher is established outside the EU, the EU authorized representative is:

Springer Nature Customer Service Center GmbH
Europaplatz 3
69115 Heidelberg, Germany

www.ingramcontent.com/pod-product-compliance
Lightning Source LLC
LaVergne TN
LVHW020138080526
838202LV00048B/3970